mes

HERMES

在古希腊神话中，赫耳墨斯是宙斯和迈亚
的儿子，奥林波斯神们的信使，道路与边
界之神，睡眠与梦想之神，亡灵的引导
者，演说者、商人、小偷、旅者和牧人的
保护神……

西方传统 经典与解释

Classici et commentarii

HERMES

荷马注疏集

程志敏 张文涛 ● 主编

柏拉图与荷马
——宇宙论对话中的诗歌与哲学

Plato Through Homer:
Poetry and Philosophy in the Cosmological Dialogues

〔加〕普拉宁克（Zdravko Planinc）● 著

易帅 ● 译

华东师范大学出版社

华东师范大学出版社六点分社　策划

古典教育基金·"资龙"资助项目

出版说明

　　文兴于诗,理源于史。诗亡然后有史,道术崩裂而诸子崛兴,从此一发不曾收拾,以至于今。在中国,由经而子,等而下之;在西方,从诗到史再到哲学,每况愈低。国人早先在退化史观中能够通过比较认识到眼前的不足,而虔敬谦和的古代西方人在神明和远祖面前,也曾时时感到一己的卑微无力,目睹了无法遏制的沉沦堕落历程,但现代的进步论则带来盲目的乐观和尚未来得及反思的灾难。是时候了。但天人不究,古今未通,何以言言?

　　亚子云:从源头开始,才有最好的观察(《政治学》1252a24－26)。刘子曰:"励德树声,莫不师圣,而建言修辞,鲜克宗经"(《文心雕龙》)。为何要"宗经"? 曰,"经也者,恒久之至道,不刊之鸿教",其"象天地,效鬼神,参物序,制人纪"之德之能,又岂止"建言修辞"之功、"文章骨髓"之极?

　　西方最早的"经"就是"诗"(国朝亦然),"荷马史诗"差不多是古希腊惟一的"经",而荷马则是"最神圣者"(柏拉图语)。宗经即明诗,师圣以承教(尽管"承"法各异)。然则,为何诗、经一体? 王者迹前,先有神明,神明之后,才有诗——诗乃是神明的遗教,而受神明启示并作为其代言人的"缪斯的仆人",他们所吟唱的便是经天纬地的良法。或曰,诗在"幽赞神明"之中铺观列代,以明纲纪

（刘勰语）。《荷马史诗》在古希腊就不仅是让人温柔敦厚的《诗》，也是疏通知远的《书》，广博易良的《乐》，挈静精微的《易》，恭俭庄敬的《礼》和属辞比事的《春秋》了——"神圣的荷马"所作的《荷马史诗》乃是西方最古老的"圣经"。

荷马具有神圣的乃至灵异的天性（德谟克利特语），所以这位"最伟大和最神圣的诗人"，这位"最智慧的人"（赫拉克利特语），不仅教育了希腊（柏拉图语），而且像奥克阿诺斯的不绝源泉一样，滋养了整个西方文明，"神圣的荷马"甚至成了才情文思乃至文教典章的评判标准。既然这位盲人的确有能力让我们看到了他自己无法看见的东西（西塞罗语），那么，就再次恭请荷马为据说已经在"新黑暗时代"中迷失方向的我们这些明眼人指路吧。

最后特别需要说明的是，很多古经长期归在"荷马"名下，但近现代疑古之风大盛，众多经典都在科学考证的手术刀下伤痕累累，甚至被打入冷宫而成了刀下之鬼。所幸的是，人们在渎神的迷狂中醒来后，发现如此科考，得不偿失。在目前文献不足的情况下，我们认为，那些被归在荷马名下的著作，还是回复到它们最古老的状态中，好让我们不再纠缠于外在的形式，转而深入到更根本的问题上来，所谓"不以流之浊而诬其源之清也"（颜元语）。我们便依据牛津本的做法而把它们都收入"荷马注疏集"中，以利"师圣"和"宗经"——况于当今世风之中，"正末归本，不其懿欤"（刘勰语）！

古典文明研究工作坊

西方典籍编译部丙组

2010 年 7 月

献给奥俄娜（Oona）

你说得对：格奥尔格（Stefan George）比维拉莫维茨、耶格尔以及整个这一帮人更理解柏拉图。

——施特劳斯1951年6月4日致沃格林

德克希门尼斯（Deximenes）：柏拉图知道他永远不会成为一个伟大的诗人。

柏拉图：我将毁掉我所有的诗——今晚——我要将它们撕碎！

苏格拉底：行了，行了，我的孩子们，冷静下来，不要撕碎任何东西，尤其是诗。

——默多克《艺术与爱若斯》（Iris Murdoch, *Art and Eros*）

苏格拉底与柏拉图——

他们把爱夸上了天。

——莫里森："我忘了爱曾经存在过。"《桂冠诗人创作》（Van Morrison, *Poetic Champions Compose*）

目　录

中译本说明

　　柏拉图与荷马的关系历来都是学者们津津乐道的话题,但如本书作者普拉宁克(Zdravko Planinc)如此"彻底地"把柏拉图的著作完全凭靠在荷马史诗(尤其是《奥德赛》)上,这倒不多见。这种独特的视角无疑能够开阔我们的眼界,同时也因其极端性而留下了很大的讨论空间。柏拉图诚然是在重新书写荷马与赫西俄德,把苏格拉底塑造成勇士(英雄)、先知(祭司)、灵魂的引导者,[①]但苏格拉底的这种形象究竟接近甚至等同于奥德修斯还是特瑞西阿斯,很难简单地裁断。柏拉图借用传统的资源,尤其大量地借鉴了荷马史诗的内容,这是不争的事实,但是否如本书所认为的那样,柏拉图对荷马简直亦步亦趋,甚至生搬硬套,恐未尽然。

　　首先需要讨论的基本问题是"如何阅读柏拉图"。普拉宁克没有像海德格尔那样把柏拉图当作形而上学家并试图在后者的著作中艰难寻找"理念论"之类的学说,然后把西方哲学的危机算到柏拉图头上,让柏拉图来为后人的不肖埋单;作者也不认同最近一两

---

① 参奥康纳:《重书柏拉图戏剧中的诗人角色》,见费拉里编:《柏拉图〈理想国〉剑桥指南》,陈高华等译,北京大学出版社 2013 年,页 56,60—61,69,73,76,83。另参 C. H. Zuckert. *Plato's Philosopher*: *The Coherence of the Dialogues*. The University of Chicago Press,2009,p. 754 n. 15。

个世纪以来古典语文学家的繁琐分析和历史学家代价高昂的实证考古，相反，作者接过尼采的"欣赏"（relish）和"享受"的态度（《超善恶》224），明确提出"美学愉悦说"（aesthetic pleasure）的解读思路，在作者看来，

> 要想在这个经历了数个世纪建造而成的复杂迷宫中找到出口，也实在过于麻烦。就像阅读莎士比亚的作品一样，阅读柏拉图的作品也应当是一种享受。柏拉图对话属于文学作品，它与莎士比亚的任何一部肃剧或谐剧一样，都是经过精心琢磨而创作出来的，并非试图撰写普罗提诺《九章集》或维特根斯坦《逻辑哲学论》那样的作品却遭遇失败。阅读柏拉图对话所产生的审美享受，是帮助我们理解文意的最好向导之一。（页6，易帅译文，下同）①

所以作者不无道理地主张："只有将柏拉图对话当作文学作品来读，我们才似乎算得上是按照柏拉图自己的意思来对他进行最好的解读"（页9）。这对过于理论化的阐释史来说，虽不无矫正之功，领受了这份恩赐的我们却必须明白文学解读的界限，就正如我们已经意识到哲学化解释的弊端一样。矫枉过正的做法必然利弊兼有。我们不能对浩如烟海的研究视而不见，所谓"面对文本本身"，固然是经典解释的基本工作伦理，但仅限于此，就会变成一个空洞的口号。

我们不能怕"要杀出一条血路过于麻烦"（too troublesome to fight through）而丢弃数个世纪的研究成果，仅以阅读的享受来代替学术的积累。作者却没有在书中向读者介绍古往今来如此多的研究力作，也没有在古典思想家如亚里士多德、朗吉努斯、西塞罗

---

① 指原书的页码。

等人那里寻找灵感和启迪，这种过分的自信使得本书的学术价值大打折扣。与此相应的是，这部篇幅很小的著作却多有重复的言辞，显得有些啰嗦。

在如何解读柏拉图的问题上，作者认为，现代和后现代各式各样重建柏拉图"哲学"的努力终究"不得要领"（miss the point，页 8），尽管作者的所谓"审美愉悦"其实也是现代人曾经热捧因而泛滥成灾的过气理论。作者虽不认同后现代的解释，却在注释中多次提到德里达，不仅明确表示"认同"，甚至把德里达的《药》和《空间》视为他最喜爱和最享受的研究，尽管有所保留。①让我们觉得不可理解的是作者对古典语文学家的态度：普拉宁克认为他们的研究对我们也没有多大帮助，因为"再也没有任何重大的语文学问题阻碍我们理解文本了"（页 9），这多少有些"昧良心"，假如没有他们的工作，我们很难读到可靠的文本，更不用说理解其字词的基本含义了。没有小学功夫，任何微言大义的钻营都是自说自话。作者至少应该参考古代注疏家（scholiast）的成果。

施特劳斯学派也重视文学性的解读，更重视"按照柏拉图自己的意思来对他进行最好的解读"，②因此，简单梳理一下普拉宁克和施特劳斯学派的关系，不惟有趣，也有助于帮我们更好地评价这本书，并进而更为深入地思考柏拉图与荷马的关系。普拉宁克虽然明确地宣布施特劳斯及其追随者的观点（即诗与哲学是源自人性深处的对立两极）无关紧要，但他认可柏拉图著作的文学性并极力主张摆脱历史学家的索隐、语文学家外在的远观、康德和奥古斯丁的哲学批判、后现代主义的意识形态切割（页 6），重视其辩说

---

① 原书页 11，49，75，84 的注释。

② 施特劳斯：《古典政治理性主义的再生》，郭振华等译，华夏出版社 2011 年，页 279。另参氏著 *The City and Man*，Chicago：Rand McNally，1964，p. 52。

(dialogic)和谈话(conversational)的特质(页 9),却无疑响应了施特劳斯学派的号召——当然,仅仅重视文学这个维度,无疑既有所不足,也是在"文学解读"的路子上走过头了。

普拉宁克在该书正文之前的题记中转引了施特劳斯(Leo Strauss,1899—1973)致沃格林的信,其中说德国诗人兼翻译家格奥尔格甚至比世界知名的古典学者和柏拉图专家维拉莫维茨和耶格尔更懂柏拉图!题记中另外引用的两位作者的身份也颇有意思。施特劳斯排在第一,接下来是默多克(Iris Murdoch,1919—1999,但在普拉宁克的书中再也没有提到此人),她受过严格的哲学(和古典学)训练,后来教授哲学,也写过一些哲学著作,但她真正闻名于世的作品都是(哲理)小说,或者说她以小说的方式来讲述哲学,而她的哲学著作和哲理小说却主要是对包括萨特和维特根斯坦在内的哲学家的批判,可能是因为默多克深受薇依(Simone Weil)和柏拉图的影响,号称要在他们的旗帜下为他们战斗。普拉宁克题记中最后引用了一位多次获得格莱美大奖的流行音乐家莫里森(Van Morrison,1945—)的一句歌词,其主题就是"爱"——苏格拉底和柏拉图把爱夸上了天(praised it to the skies)。施特劳斯是学院中人,默多克是学院中的槛外人,莫里森是学院外的人,我们不知道作者以年龄还是以重要性来排列这三位风马牛不相及的人,仅仅从题记的引用及其编排顺序来看,普拉宁克这部著作必有新意。

仅仅从书名来说,普拉宁克这本书很容易让人想起伯纳德特的《弓与琴》①,前者以荷马来解读柏拉图,后者以柏拉图来解读荷马,堪称两种相互对立的模式——普拉宁克在自己这本书中没有

---

① Seth Benardete, *The Bow and the Lyre: A Platonic Reading of the 'Odyssey'*. Rowman and Littlefield, 1997,中文见伯纳德特:《弓弦与竖琴——从柏拉图解读〈奥德赛〉》,程志敏译,华夏出版社 2003 年(本书修订本由华夏出版社 2015 年再版)。

提到《弓与琴》，却提到了伯纳德特。① 普拉宁克曾经为《弓与琴》撰写过书评，因此我们大约可以说，他这本书就是直接针对伯纳德特的。普拉宁克在五年前那篇书评中坚持古人解读荷马的立场，即把《荷马史诗》当作文学作品，而非任何形式的哲学著作，以此来批评伯纳德特的解读：伯纳德特把《荷马史诗》视为"柏拉图式政治哲学"方面的著作，以为荷马乃是柏拉图的先声（anticipating Plato），在普拉宁克看来，这显然是受了乃师施特劳斯"神学—政治问题"的误导，因为"《奥德赛》中的哲学乃是具有欺骗性的简单问题"。② 伯纳德特未能区分史诗诗人的叙述和诗中人物的话语，这种平面化的理解（flat understanding）和"让人惊讶地新奇"的解读乃是一种"危险的解释学"（a dangerous hermeutic）。③ 且不说普拉宁克和伯纳德特究竟哪一方才危险，他们的研究对我们来说必然都有助益。

　　作者的核心观点是要把柏拉图著作当作文学作品来阅读，而作为西方文学作品始祖的《荷马史诗》便是当然的楷模，作者认为前者甚至就是在模仿后者，因此尤其说柏拉图对话是诗歌和哲学的混合，不如说是文学的盛宴，哲学最终成为了诗歌的附庸：④

---

① 正文中提到的是伯纳德特翻译的《会饮》，注释中引用过两次 Seth Benardete，一次是伯纳德特的 *The Rhetoric of Morality and Philosophy*：Plato's "Gorgias" and "Phaedrus"，Chicago：University of Chicago Press，1991，一次是伯纳德特在《解释》（*Interpretation*）上的一篇文章（On Plato's *Timaeus* and *Timaeus*' Science Fiction）。该杂志是施特劳斯学派的阵地，普拉宁克也在该杂志上也发表过两篇论文，一篇是 Ascending with Socrates：Plato's Use of Homeric Imagery in the *Symposium*（2004 年夏季号，页 325—350），另一篇讨论莎士比亚的《李尔王》（2001 年冬季号，页 171—185）。

② Z. Planinc. Anticipating Plato, in *Review of Politics*，60/4（1998），p. 810.

③ Ibid, p. 812.

④ 相反的观点见张文涛：《哲学之诗》，华东师大出版社 2012 年，页 67—68，页 146—155，页 219—220。

> 学者们通常都承认柏拉图对话是诗歌与哲学的混合。然而，一旦他们试图将后者从前者中抽离出来，分歧便产生了，此外，他们还通常过分纠缠于细节问题，比如哪些篇章或论点可被视为严格意义上的哲学，以至于完全忽视了在解释柏拉图作品时的主要难题。按照对哲学本质的现代理解来看，哲学与诗歌有着不言而喻的区别，但柏拉图对哲学的理解则完全不同。他认为，哲学在其最高形式中与最好的诗歌无法区分。（页7）

作者敏锐地看到，从哲学与诗歌的对立中抽去后者，仅仅以"严格意义上的哲学"来研究柏拉图，的确容易忽视经典解释的主要难题。自十九世纪德国专业哲学家以来的柏拉图研究（Platonic scholarship）因为没有看到柏拉图对话这个最为外在的形式而在哲学解释上走得太远，以至于很可能肢解、曲解和误解了柏拉图。但普拉宁克似乎又在相反的方向上同样有些误入歧途。

首先，哲学与诗歌"不言而喻的区别"并非现代人的理解，这种对立或争吵在柏拉图时代早就是"古已有之"。普拉宁克当然知道这个常识，但由于过分偏重于文学（诗歌）的解读而试图以驱逐哲人的（相反）方式来消解哲学与诗歌之间的冲突。作者清楚地看到哲学与诗歌之间已经由争吵升级为公然的对抗，并因此试图重新弥合它们之间的裂隙，但这种以诗歌来统合哲学的方法并不能有效地解决这个古老的问题，反而还可能加深它们之间的鸿沟。

其次，柏拉图对哲学的理解无疑与现代人大不相同，但未必就能够达到"在其最高形式中与最好的诗歌无法区分"的程度——我们需要特别仔细分梳这种比喻性的说法才能明白其深刻含义，否则它就会是大而不当的糊涂话。苏格拉底临终前才开始"作诗"，但他的"诗"显然不同于一般意义上的"诗歌"，而他所谓"哲学乃是最伟大的音乐"（《斐多》61a）也不是单纯为哲学张本，而毋宁说哲学与音乐(诗歌)的相通首先需要以各自的差别为前提,否则"诗化哲学"和"哲性诗学"都无从谈起。①

　　上述问题可以具象为柏拉图与荷马的关系,普拉宁克的论据是"《斐德若》体现了柏拉图对荷马的友爱之情。最好的哲学与最好的诗歌是相顺应的;它们之间不应有争论"(页8)。但这真是柏拉图的"原意"吗?即便如许多后现代理论家都认同的那样,以非理性为基础的诗歌对哲学十分有益:可以使哲学更加地哲学,但这不正好说明诗歌与哲学是两个完全独立的不同思想方式因而它们之间虽可互补却必然有着本质的区别吗?

　　普拉宁克把柏拉图涉及到"宇宙论"的主要著作,如《斐德若》、《蒂迈欧》、《克里提阿》、《王制》和《法义》,视为一个整体,并且都是《奥德赛》剧情的诸多片段,或者都在局部重新刻画荷马史诗,固然有所启发,但柏拉图的描绘真的能与《奥德赛》中的情节一一对应,甚至直接来自于后者(页73—74,93—95)?如果柏拉图的这几个主要对话的主要结构和文体形式都来自于《奥德赛》,还有必要认真研究柏拉图吗?难道柏拉图的工作紧紧是"将荷马编织的意象拆散,然后将它们编织成了一个更加精密的新意象"(页79)?

　　荷马与柏拉图之间的距离,无论我们如何看待,但总之有距离。柏拉图对荷马的运用无论与此前和此后的人多么不同,但总之不能把这两个根本不同的思想家完全算作同一类人,更不能让柏拉图无耻地寄居在荷马身上。荷马的文本固然算得上是柏拉图的语境(页51),但如果柏拉图只是在单纯地模仿荷马,又何来"创作"之说呢?又怎么谈得上"意图取代荷马,彻底改造希腊文化"(页57)?即便梭伦回到雅典后都打算"创作出一个属于自己的版

① 参《王制》410d—412a。另参刘小枫:《诗化哲学》,华东师大出版社2011年,页197—199,347—348。诗人荷尔德林虽歌咏"哲学之光",但那终究是诗人诗意的表达(参海德格尔:《荷尔德林诗的阐释》,商务印书馆2000年,页197—198。海德格尔在阐释这句话时,对"哲学"一词难得一见地嘴下留情)。

本,并意图取代荷马,彻底改造希腊文化"(页 57),更何况柏拉图!
柏拉图的所有苏格拉底对话就算是意在把苏格拉底重新塑造成新
的奥德修斯(页 82),但苏格拉底如果仅仅是在效颦奥德修斯,所
谓的"新"又何以可能?古希腊宗教研究专家伯克特所谓"从柏拉
图开始,并通过柏拉图,宗教在本质上已经不同于过去之所是"①
以及"《王制》自身就意味着一种新诗,一种新神话"②这样的论断
就变成无稽之谈了,更不用说柏拉图可能还有着"新周、故宋、王
鲁"的心法呢。

　　此外,普拉宁克没有认识到,柏拉图的哲学观甚至与古代人(包
括他的同时代人)都大异其趣,③兹事体大,片言难解,就目前的话
题来说,哲学与诗歌有区别,但也可互补,正是这种差异才能相互有
所进益,普拉宁克强行消除它们的差异实际上就拆除了一个互相依
赖、相互扶持的稳定结构,即便浓墨重彩地强调的一方也会轰然倒
塌,为之反倒败之。如果缺乏政治哲学的维度,大概就很难真正理
解诗与哲学为何而争。④ 柏拉图对荷马既然不是"生吞活剥",自然
也有所发明,只是究竟有哪些"回复"或"复古",又有哪些"创新",进
言之,柏拉图(以及我们当今)如何"为往圣继绝学",都需要认真研
究。目前我们大约可以说,真正需要考虑的是:如何既不让诗歌(荷
马)战胜哲学(柏拉图)而一家独大,也不相反(且不说把柏拉图仅仅
视为哲学的代言人这种简单化的做法该有多么糟糕),重要的是"重

①　W. Burkert. *Greek Religion*,Harvard University Press,1987 年,页 322,转引自
　　朗佩特:《哲学如何成为苏格拉底式的》,戴晓光、彭磊等译,华夏出版社 2015 年,页
　　276。
②　西格尔:《"神话得到了拯救"——反思荷马与柏拉图〈王制〉中的神话》,见张文涛
　　编:《神话诗人柏拉图》,董赟等译,华夏出版社 2010 年,页 245。
③　柏拉图批评当时的假哲学,试图拯救哲学于污名之中,参《王制》487c—d,490a—e,
　　492a—b,493d,494a,496a,499e—500b,536c。
④　《王制》497a,500d。参张文涛:《哲学之诗》,前揭,页 54;另参娄林:《必歌九德》,华
　　东师大出版社 2015 年,页 138 以下,页 204 以下。

新绷紧琴弦的两端",①保持哲学与诗歌之间必要的张力。

　　当然,普拉宁克这本书即便仅仅专注于其中的一极,也值得一读,其间亦不乏真知灼见,比如作者特别强调《王制》和《法义》在文学形式和内容实质上连续性,甚至大胆地猜测柏拉图在创作《王制》时便已经有了《法义》的构思(页 20)。《克里提阿》的戛然而止,并非是该对话没有写完,而是如《奥德赛》中德摩多科斯的演唱被奥德修斯的哭泣突然打断一样,暗示它被一个更好和更高明的解释所超越了(页 23,62—63)。

　　而普拉宁克最后启发的便是以"萨满"(shamanism)来比较苏格拉底和奥德修斯的共同之处,这在科学主义大行其道的今天,我们似乎很难接受这种解释模式,②因为现代人早已把包括埃琉西斯和"萨满"在内的神秘主义思想方法放到了"科学"的手术台上解剖,并因其不够科学而视如敝屣,至少已然扭曲和魔化——所谓"神秘",其实质也许不是与科学相对立的迷信,而是我们的不理解。就奥德修斯和苏格拉底来说,下降到冥府、上升到神圣世界之类的意象本来是萨满的特质。③ 这些解读虽未必成立,亦未见得

①　刘小枫为《弓弦与竖琴》撰写的"中译本说明",参伯纳德特:《弓弦与竖琴——从柏拉图解读〈奥德赛〉》,前揭,页 i(本书修订本见华夏出版社 2015 年版)。后以《重新绷紧琴弦的两端》收入刘小枫:《重启古典诗学》,华夏出版社 2013 年。刘小枫先生十多年前就曾提出过这样的希望:"要是像我国经学的做法那样,将柏拉图作品中明里暗里引到和提到荷马的地方辑出来,一定相可观",可喜的是,美国福特汉姆(Fordham)大学的 P. G. Lake 于 2011 年提交的博士论文,《柏拉图的荷马对话:〈王制〉对荷马史诗的引用、释义和化用》(*Plato's Homeric Dialogue*: *Homeric Quotation*, *Paraphrase*, *and Allusion in the* Republic),虽然仅仅涉及到柏拉图的《王制》,但其详实的分析堪称模范(该书大约相当于中文 40 万字的篇幅)。

②　Kateri Carmola. "Review of *Plato Through Homer*". In *Perspectives on Politics*, Vol. 2, No. 4 (Dec. , 2004), p. 831.

③　除了普拉宁克所引用的著作外,还可参考伊利亚德(Mircea Eliade):《宗教思想史》,晏可佳等译,上海社会科学院出版社,2004 年,尤其卷三,页 953 以下,另参 C. Pratt. *An Encyclopidia of Shamanism*. NY: The Rosen Publishing Group, Inc. , 2007;M. N. Walter (et al) eds. *Shamanism*: *An Encyclopidia of World Believes*, *Practices*, *and Culture*. Santa Barbara: ABC-Clio, Inc. , 2004;汉语学界亦有多部研究专著。

深入，却也不无参考价值，甚至还有可能由此而打开"文明"之外和
之前一个更为神圣的世界。

程志敏

2015 年 11 月 20 日

致　谢

　　能够使用《洛布古典丛书》(*Loeb Classical Library*, Harvard University Press)无疑是一件实实在在令人享受的事。我从头至尾都以这套丛书的希腊文为蓝本,唯有少数情况为了方便,参阅了"珀尔修斯网站"(*Perseus Digital Library*, Classics Department, Tufts University)。在翻译和解释柏拉图与荷马作品的过程中,我还参考了以下著作:拉蒂摩尔所译《奥德赛》(Richmond Lattimore, *Odyssey*; Harper and Row);布鲁姆所译《王制》(Allan Bloom, *Republic*; Basic Books);伯纳德特所译《会饮》(Seth Benardete, *Symposium*; University of Chicago Press);尼柯尔斯所译《斐德若》(James Nichols, *Phaedrus*; Cornell University Press);以及康福德的《柏拉图的宇宙论》(Francis Cornford, *Plato's Cosmology*; Bobbs-Merrill)。

　　该项研究的部分成果之前曾先后提交给如下机构:麦克马斯特大学(McMaster University)哲学与政治科学系,卡尔加里大学(university of Calgary)政治科学系,希腊政治思想社会(Society for Greek Political Thought)所主持的会议,加拿大政治科学协会(Canadian Political Science Association)和美国政治科学协会(American Political Science Association)。感谢以上所有给予我帮助的人。同时感谢密苏里大学出版社（University of Missouri Press）主任贾勒特（Beverly Jarrett）女士对我的研究所给予的大力支持，以及富有耐心、一丝不苟的拉戈（Jane Lago）编辑和文达（Annette Wenda）编辑。

讨论柏拉图与荷马，最好是在如下的场景与氛围之中，即如同柏拉图对话设定的那些，或如《奥德赛》插曲所记述的那些更为友善亲密的氛围之中——人们聚集在一起，参与讨论的每个人都有亟待解决的问题，不论他们的邂逅是不期而遇，还是每天的惯例，亦或是期盼已久的约会；与老师或者学生对话；与朋友交谈；与诗人和商人进行友好的论辩；或者在少数情况下，也与避开了共同权利（collegiality）保护的学者们聊天；但没有什么能比与自己所爱的人交谈更受欢迎、更令人满意的了。许多类似于这样的讨论形成了我对文本的理解，并有助于解决我在这本书中所关注的紧要问题，我对此感激不尽。

此外还有许多值得一提的事。当年，我亦少不更事，虚度光阴，还曾加入过一支摇滚乐队，鼓手不知为何，非要取名叫亚特兰蒂斯（Atlantis）。未成年的我，还曾偷偷溜进过一家夜总会，去看戴维斯（Miles Davis）的专辑《即兴精酿》（Bitches Brew）的表演；我还曾在一家几乎空无一人的地下酒吧，倾听过迟暮之年的明格斯（Charles Mingus）的演奏；每逢伊文思（Bill Evans）来镇上表演三重奏的时候，我都会去观看他的演出。我还看完了尼姆佐维奇（Aron Nimzowitsch）和阿廖欣（Alexander Alekhine）的象棋比赛的全过程，并在一番研究之后，冒险参加了周三晚举行的锦标赛。并且还看过一些无意中发现的书籍；凯恩（Alice Kane）的丛书和故事集；意外收到了熟人和远亲作为礼物送来的书籍。我还曾学着与一个威尔士人一起阅读莎士比亚的作品，谢天谢地。此外还有第一次观看特吕弗（François Truffaut）的《400 击》（400 Blows），或斯科塞斯（Martin Scorsese）的《穷街陋巷》（Mean

Streets），亦或贝托鲁奇（Bernardo Bertolucci）的《同流者》（*Con-
formist*）。我还去见过北极光；领略过巍峨的落基山脉和广袤的大草原；还曾在卡乌阿瑟湖（Kawarthas）一处借来的小农舍里看月出；看一块石头，一片树叶，一扇门。

旅程:柏拉图与荷马

从《王制》(*Republic*,或译"理想国")的第一个字,即 katebēn[我下到]开始,我们对柏拉图的这部作品仍然十分陌生。若不细想这段对话,我们对它似乎还是很熟悉的。我们因自己知道其论述的大致特征而感到满足;我们也许还对其解释的历史有一定了解,也许还很赞同针对柏拉图政治理论提出的众多精彩观点中的某一个;至于其他的,我们肯定它若不是语文学的细枝末节,就是古式的修辞手法。然而,苏格拉底在第一句话中表现出的惊人举止就动摇了我们的自信。柏拉图让苏格拉底回想前一晚的整个讨论过程,并用自己的话向一个身份不明的听者叙述,这是个不容忽视的细节。柏拉图让苏格拉底从《奥德赛》(*Odyssey*)中奥德修斯(Odysseus)与佩涅罗佩(Penelope)团聚的场景开始回忆,[2]在这个场景中,奥德修斯将自己漫长的旅途以及将要面对的苦难告诉佩涅罗佩,正如特瑞西阿斯(Teiresias)告诉他的一样,这个情节不可能是一个微不足道的文学修饰。

在我当年下到(*kate bēn*)哈德斯的居所的那一天,

为同伴们探听回归的路程,也为我自己。《奥》23.252—253)

当我们驻足思考柏拉图任意一篇对话在传统中的根源时,熟悉感与不适感便会交织浮现在我们心头。曾有一度,几乎没有人知道《王制》这本书。在一千年的大部分时间里,西方学者仅通过《蒂迈欧》(*Timaeus*)不完全的拉丁语译本了解柏拉图,那时的神学家认为,即使最好的古希腊人也只不过是自然哲学家,他们对神的启示及其结果一无所知,而该译本恰恰证实了神学家们的话。到了文艺复兴时期,所有柏拉图对话的希腊文本都被发掘出来,由斐奇诺(Marsilio Ficino)将其译成拉丁语,这项工作曾因波爱修斯(Boethius)的死而一度中止。佛罗伦萨学园曾试图重新找回柏拉图学园的精神,不过,学园尝试调和柏拉图精神与基督教教义的努力却未能成功,仅用包容的积极态度取代了冷漠与忽视的习惯作风。近年来,所有的柏拉图对话在各国都有译本。但对于它们,我们仍然有不了解的地方。单独来看,每篇对话似乎都很古怪,而将它们作为整体来看,又缺乏有说服力的概要性解释。为什么柏拉图写了《王制》还要写《法义》(*Laws*)?为什么写了《蒂迈欧》又写《斐德若》(*Phaedrus*)?《会饮》(*Symposium*)又如何能与其他对话协调一致?为什么人们认为《欧绪德谟》(*Euthydemus*)不如《高尔吉亚》(*Gorgias*)或《普罗塔戈拉》(*Protagoras*)出彩?让学者们去操心这类细枝末节的问题吧;我想我们对柏拉图的理解已足以达到我们的目的了。因此,包容与忽视的习惯作风仍在继续。

[3]古希腊文明与我们并没有直接的联系。然而,尽管已是一片废墟,它却常常吸引着我们去拾起它美丽的碎片,让我们充满好奇地去探究它昨日的辉煌,并且这一切均未脱离与我们关系更为密切的现实世界。那些古迹和古籍也遭受了类似的命运。譬如帕特农神庙,它曾在中世纪被改建成集教堂和清真寺于一身的建筑;而在近代早期,它又被改造成火药库,这对神庙造成了极大破坏;近年来,它成了"埃尔金大理石雕"的原材料,成了奄奄一息的博物

馆文化的工艺品,若非如此,它也能成为帝国的铁证了。而如今,它成了后历史的旅游遗址,迎合了新时代的舞台。特洛亚(或译"特洛伊")古城也未能幸免于遭受这样的命运。直到施里曼(Heinrich Schliemann)将它挖掘出来之前,人们已将它遗忘了几个世纪,学术界曾认为认真研读荷马的《伊利亚特》是一件丢脸的事,而他的发现则颠覆了这个观念。施里曼之所以产生这个念头,是因为受到了几位学者的启发——麦克拉伦(Charles Maclaren),格罗特(George Grote)以及其他学者——这些人现已成为一批不再将《伊里亚特》仅当作诗歌来看待的考古学家了,尽管他们缺少胆识,未能率先发现荷马笔下的特洛亚。

　　将我们与古希腊文明分开的是古罗马,在这个新的特洛亚城中,《伊利亚特》和《奥德赛》只不过是维吉尔(Virgil)创作《埃涅阿斯纪》(Aeneid)的古典源泉,而柏拉图也只不过是西塞罗(Cicero)鲜为人知的先导。将我们与之分开的还有基督教治下的罗马,在那里,《圣经》(Bible)和奥古斯丁(Augustine)的《上帝之城》(City of God)取代了所有异教的诗歌和哲学。此外还有文艺复兴:尽管文艺复兴对古希腊先哲充满了敬意,但它追求的却是罗马而非雅典的复兴。现代社会的人们曾试图建立新罗马帝国和新耶路撒冷,在这一疯狂的行动宣告失败后,古希腊文明离我们更加遥远了,甚至连文艺复兴时期的灿烂文化似乎都显得遥不可及。就拿拉斐尔(Raphael)的名画《雅典学院》(The School of Athens)来说,这幅画是为梵蒂冈罗马教皇的宫殿所作,描绘的是古代哲学家们的一次集会,画中许多人物的样貌无法确定,并且人物安排的画像研究也只是一种推测,尽管我们知道它受到了佛罗伦萨学派的影响。离它不远的梵蒂冈西斯廷教堂近年来得到了清洗与修复,除去了污垢、[4]烟尘和动物胶所造成的半影,几个世纪以来,这些物质使米开朗琪罗(Michelangelo)壁画艳丽的色彩变得模糊,其影响更甚于后来对他的原作画像进行的润色。但这一切遭到了传统主义者的反对。总有一些人喜欢借助传统来看待原创的事物，也总有一些人更喜欢那些让我们忽略美的外观，转而关注美本身的事物。

如果我们想要对柏拉图表示尊敬，我们通常会说，哲学的历史除了是对他所做的一系列脚注以外，什么都不是。而事实远非如此：柏拉图最多不过是他人著作中的一个脚注。在《随笔》(*Essays*)中，蒙田(Michel de Montaigne)曾说过，"各种博学的作家"在引用权威文本时——《圣经》、《荷马叙事诗》、柏拉图对话——都只是将它们当作支持自己观点的修辞上的压箱宝典而已。

> 再看一看对柏拉图是怎样引经据典的。大家都以引用他的话为荣，但是都以自己的心意来摆布他。世界上出现什么新思想，总是把他捧出来往里面塞。根据事物的不同发展给他不同的对待。……代言人的个性愈强烈，他的僭越方式也愈专横。(《蒙田随笔全集》)[1]

尽管对柏拉图对话进行的解释未必都是主观臆断的，但事实上它们往往如此。"柏拉图"是一个用来施展魔法的名字，他的著作与影响我们最深的事物越是不相关，他的魔力就越大。

在西方文明中，至少有三大作品集，每一部都堪称涵盖了全部的人类经验，并在最大程度上，对界定人类条件的几大界限做出了阐述：柏拉图对话，《圣经》和莎士比亚戏剧。尽管每个人或许都被迫阅读过其他两大作品集的相关读物，但笔者认为，可以公平地说，柏拉图对话在三者中被滥用得最为严重。《圣经》和莎士比亚

---

[1] 参蒙田，《随笔全集》，(*The Complete Essays*, trans. M. A. Screech. London: Penguin, 1991, p. 662)，(中译见《蒙田随笔全集》，潘丽珍等译，南京：译林出版社，2001年，中卷，页275)。

的戏剧都在热门机构即修道院和剧院中得到了阐释，也就保存在这些机构中，并且在现代社会中继续占有一席之地，无论这一席之地多么微不足道。[5]而柏拉图对话则没有与之可比的机构载体：当然不可能是现代的大学，现代的大学都是以在科学领域进行科技研究为目的而建立起来的机构。我们还轻易地以为，我们的文明包含了最好的希腊思想，并胜过了最差的希腊人，于是我们便狂妄地将现代的大学以柏拉图学园命名，但事实上却与柏拉图精神没什么相干。

在我们的学院中，柏拉图对话仍然是一个未被发掘的国度，人们通常更多的是对它加以不切实际的描述，而非仔仔细细地钻研，尽管它的大门向所有人都敞开着。这些对话丰富的内涵并非躲在我们看不见的地方，它就清楚地摆在眼前，而我们却对它视而不见。但这或许也是预料之中的事。许多从事于解决文本解释中错综复杂问题的圣经学者和莎士比亚学者，通常并不认为自己已经洞悉了文本奥秘的核心。如果解释学的"视域融合"与一个深刻的文本——一个让读者对其自身生活经验的各个方面都产生怀疑的文本——本身就难以结合，加之研究者如果在整个研究过程中，总是因为一些问题而分心，即不得不在既成的学术成果范围内进行研究，那么也就不难理解，柏拉图对话为什么只拥有相对较少的严肃认真的学术读者了。

然而，在大学里翻来覆去研究柏拉图，这该是一个多么浩大的工程。人们将柏拉图对话当作不同寻常的语文学工艺品来加以研究，并将其分成不同的篇章——有些按主题分，有些则没有——但之后再将它们放在一起看时，却仍然让人困惑不已。重建它们的标准变来变去：历史参考，语法型式，还有对柏拉图老去时的境况的推测——似乎一切都尝试过了。有些研究方法则刻意从对话外部着手：在筋疲力尽地寻觅新事物的蛛丝马迹的过程中，这些方法试图透过其他视角来对其进行重新解读，要么通过康德（Kant）的视角,要么通过奥古斯丁的视角,要么通过许多其他著名的解释模式或热门的意识形态导向的视角。最神圣的研究项目当属找寻对柏拉图的"柏拉图主义"的定义。图书馆藏有大量这类研究书籍,每一样都像是作者按其自身喜好而搭配出的食谱,[6]调料就来自这些现成的对话:爱利亚学派的理论(Eleatic theorizing),毕达哥拉斯哲学(Pythagorean philosophy),还有直白的智术(straight sophistry),也许其中还掺杂了一些苏格拉底的反驳方法,即"反诘法"(*elenchos*)用来调味。

柏拉图的作品让人一读就着迷,也许专业性较强的部分会稍微枯燥一些。然而,在阅读大多数对柏拉图所做的研究时,几乎不可能产生被它们迷住的感觉。如果想要重温原始的体验,只需重新开始即可。没必要再回过头去研究学术论著中所犯的错误,即便最知名的也没必要。这些论著中的很多分歧都不是从主要问题上引发出来的,而且要想在这个经历了数个世纪建造而成的复杂迷宫中找到出口,也实在过于麻烦。就像阅读莎士比亚的作品一样,阅读柏拉图的作品也应当是一种享受。柏拉图对话属于文学作品,它与莎士比亚的任何一部肃剧或谐剧一样,都是经过精心琢磨而创作出来的,并非试图撰写普罗提诺(Plotinus)《九章集》(*Enneads*)或维特根斯坦(Wittgenstein)《逻辑哲学论》(*Tractatus Logico-Philosophicus*)那样的作品却遭遇失败。阅读柏拉图对话所产生的审美享受,是帮助我们理解文意的最好向导之一。若将我们对柏拉图对话的理解,比作我们对西斯廷教堂的评估,那么清洗工作早就该进行了。其鲜明的色彩与雅致的结构之美应该得到人们的认识与欣赏,而不受长期以来使其变得晦涩难懂的学术研究和思想传统的影响。若有人以这样的心态重新拾起《王制》,那么它的第一个字,即 katebēn[我下到]将立刻变得让人着迷。苏格拉底将前一晚的讨论说与一个身份不明的听者,也说与读者,正如奥德修斯向佩涅罗佩叙述他的数次旅程一样。奥德修斯没有对佩涅罗佩撒谎，因为她认出了他是谁。而她之所以能认出他，并理解他话中的含义，是因为她深爱着他。而对于其他人而言，奥德修斯只不过是个克里特岛的骗子。同理，对于那些了解并爱着苏格拉底的人来说，苏格拉底的话的意思是再明白不过的。而对于其他人来说，他就跟讨人厌的骗子没什么两样。

[7]在《王制》的最后几次讨论中，苏格拉底曾提到"从前哲学和诗歌之间发生过某种争论"（607b，原文误作 607a）。但至于谁参加了这场"古老的争论"，以及争论的论点是什么则几乎无从得知。苏格拉底的话最有可能指毕达哥拉斯学派与荷马颂诗人（Homeric rhapsodes）之间关于《伊里亚特》和《奥德赛》的意义之争，前者是第一个以"哲学家"自居的学派，后者则曾公开表演并解释过这些史诗。即便如此，我们也显然不能将这句话的意思理解为，这场"古老的争论"是由《王制》引发的。这篇对话甚至连一个明确的标准都没有提供给我们，以便我们能对哲学和诗歌加以区分。但柏拉图的确让苏格拉底和他的对话者们在那一晚花了一些时间批评诗歌，尤其是批评荷马，他被说成是"最富有诗意的诗人，是一切肃剧诗人的先驱"（607a，原文误作 607b）。然而，苏格拉底同时也承认，他从幼年时开始就拥有了"对荷马的爱戴和尊敬"之情（595b）。诚然，他是一个"受到吸引"而"透过荷马"来思考事情的"诗的爱好者"（607c—d）。苏格拉底的告白同样也是柏拉图的告白。后来的思想家通常号称自己更了解何为智慧，并在哲学和科学的新一轮争论中表明自身立场。他们都认同如下观点，即柏拉图对话的文学特征是最好的证据，用以证明柏拉图既是第一个肃剧哲学家，同时也最富有诗意。

学者们通常都承认柏拉图对话是诗歌与哲学的混合。然而，一旦他们试图将后者从前者中抽离出来，分歧便产生了，此外，他们还通常过分纠缠于细节问题，比如哪些篇章或论点可被视为严格意义上的哲学，以至于完全忽视了在解释柏拉图作品时的主要难题。按照对哲学本质的现代理解来看，哲学与诗歌有着不言而喻的区别，但柏拉图对哲学的理解则完全不同。他认为，哲学在其最高形式中与最好的诗歌无法区分。

我们可以将《斐德若》中所说的内容再细想一番，这篇对话的创作所具有的诗歌或文学的特征也许是最为显著的。柏拉图让苏格拉底描述并比较了四种"神圣的迷狂"(mania)；在他的排序中，[8]受缪斯(Muses)启发的诗人的迷狂，仅次于受爱若斯(Eros)启发的哲学家的迷狂(244a 以下)。随后，当苏格拉底给九种人类灵魂排序时，他说最高且最好的灵魂是"一个哲学家，或一个爱美者，亦或一个通晓音乐具有爱欲的灵魂"。真正的诗人拥有音乐的灵魂，他们与灵魂排在第六位的文字匠不同，而真正的哲学家在本质上也拥有与之类似的灵魂，他们与灵魂排在第八位，仅略高于僭主的有识之士和智术师不同(248d—e)。最后，苏格拉底在对话的结尾处提议，用他的论述来判定，那些被认为有智慧的人能否配得上"哲学家"的称号。他提到了吕西阿斯(Lysias)和所有写文章的人，荷马和所有写诗的人，梭伦(Solon)和所有从事政治的人，以及伊索克拉底(Isocrates)和所有有潜质的学生们(278b—279b)。似乎只有荷马配得上这项殊荣：他无疑是一个爱美者，并且通晓音乐具有爱欲。因此，《斐德若》体现了柏拉图对荷马的友爱之情。最好的哲学与最好的诗歌是相顺应的，它们之间不应有争论。

认为思想与灵魂的最高活动，是爱欲的迷狂或与神灵之间直接相通，如今这样的观点已不常见。我们对人类理智的自主性的理解致使我们认为，何为理性与何为非理性是两个根本的对立面或二分法。基于这种假设，"哲学"应是睿智，是智慧，是一门科学——是对推理的内在一致性的研究，它的成形模仿了逻辑对言辞内在一致性的研究。任何不被此界限包括在内的事物，都会被视作超自然的、狂热而荒谬的事物而排斥在外。由此观之，诗歌在哲学中没有立足之地。

对理智与非理性之间关系的现代理解,常常被解读为"诗与哲学古老论争"。由于理性和非理性是完全对立的这一前提,并不妨碍可用多种方法来对其进行区分,因此,对于柏拉图的"哲学",事实上存在各种各样的重建,但不管怎样,所有这些重建都未能抓住要领。如今柏拉图已经被学者们现代化和后现代化了,其程度与他被基督教神学家们轮流诅咒和洗礼时一样彻底。[9]而以下这些观点究竟成立与否其实无关紧要,即认为解释柏拉图的标准,就是分析的"内容"和可有可无的文学"形式"之间的区别,支持该观点的是大多数语文学家;①以及施特劳斯的追随者所支持的观点,即诗歌(或神话,亦或宗教)与哲学是"整全"(whole)的两个相对立的解释,该观点源自于人类本质(human nature)中的一个根本差异,即欠缺思考的信仰和思辨性的批判之间的差异;②甚至还有许多后现代的理论家都认同的一个观点,即以非理性为基础的诗歌是有益的,因此它可以使"哲学"成为更好的哲学。③ 当然,从解释这些文字所花费的功夫来看,我们便可以知道它们的重要性:再也没有任何重大的语文学问题阻碍我们理解文本了;现在我们认识到,要想正确地理解文本,就不能忽视文本中辩说或谈话的内容;此外我们还可以明显地感受到,我们解释对话的自如程度,恰

---

① 可供例举的著作有很多。此处仅举一例为代表:弗拉斯托斯的《柏拉图研究录》(Gregory Vlastos, *Platonic Studies*, Princeton: Princeton University Press, 1981)。

② 参施特劳斯,《城邦与人》(Leo Strauss, *The City and Man*, Chicago: Rand McNally, 1964);以及布鲁姆的疏解,见其译著《柏拉图的"王制"》(Allan Bloom, "Interpretive Essay," in his edition of *The "Republic" of Plato*, New York: Basic Books, 1968, pp. 307—436。[译按]中译本名为《人应该如何生活》,刘晨光译,华夏出版社,2009年)。

③ 后现代解释学的和解构主义的方法,均以海德格尔的作品为基础。海德格尔的分析十分科学且严谨,但他错误的语文学却未能很好地掩饰其文本解释中过多"诗意的"成分。参见《柏拉图的真理学说》,见《路标》,麦克尼尔编(Martin Heidegger, "Plato's Doctrine of Truth" in *Pathmarks*, ed. W. McNeill, Cambridge: Cambridge University Press, 1998, pp. 155—82)。

恰是反映我们本质的一面镜子。然而对于我们而言,柏拉图对话在很大程度上依旧是个谜。

　　只有将柏拉图对话当作文学作品来读,我们才似乎算得上是按照柏拉图自己的意思来对他进行最好的解读。如果在解释柏拉图作品的过程中,无法避免诗歌与哲学,或形式与内容的差异,那么从一开始就将它视作一个有益的差异吧。柏拉图对话或许主要涉及两个相互关联的方面的研究:它们是怎样被写成的,以及它们想表达什么。任何一个写得好的文本,其文字都能表示其所指,即意义,并使之表达得清楚明了。这一点在柏拉图对话中尤为如是:[10]柏拉图的写作技巧使苏格拉底同他人谈话时所说的话变得清楚明晰,反过来,这些话又使我们清楚地了解到是什么在驱使谈话者说话。因此,柏拉图对话中诗歌和文学的特质,便揭示了柏拉图哲学中苏格拉底的品质。最后我们便可以得知,音乐的迷狂(Music *mania*)形成了对话的文学形式,而爱欲的迷狂(Erotic *mania*)则是对话的终极内容,二者在本质上是相同的。

　　然而,所有的阅读工作,都必须先从表层开始,而后才能发掘深层含义。借用苏格拉底常用的一个更加粗俗的意象来说,我们必须学习成为一名好屠夫,善于顺应文章的关节来对其进行切分(《斐德若》265e)。那么应该如何开始呢? 笔者建议利用荷马的《奥德赛》作为向导。如果柏拉图对话的意义,可比作被掩埋和遗忘在希沙利克(Hisarlik)的荷马笔下的特洛亚,那么是时候了,我们应拾起这本书,仔细阅读,然后对其加以研究。然而,比笔者的建议的比喻意义更重要的是其字面意义。如果柏拉图对话是特洛亚,那么发掘它们的最好的办法便是打开《奥德赛》,认真研读,让它来告诉你怎么做。但笔者并非在提倡另一种具有启发意义的对比研究。笔者想表达的是,柏拉图始终有目的地将《奥德赛》作为其最重要的对话的一个至关重要的源文本。利用手中的《奥德赛》来找出荷马的踪迹,将有助于我们揭示柏拉图对话中文学结构的根基,并使我们更好地理解其意义。如果从学术角度来看,这样做似乎有些不像话,那也随它去吧。研究的结果才是最重要的。

　　对柏拉图对话中柏拉图所使用的原始资料的学术研究,通常都太过于狭隘和谨慎。它们的形式分析几乎全部以直接的文本引用为基础,譬如明确的引文和明显的典故。因此,它们几乎没有考虑到文学形式与结构的意义。而另一方面,对柏拉图对话的意义的研究,又通常太过于笼统和草率,有概而论之的趋向。近来,尝试将语文学形式的狭隘性(formal narrowness),与放弃推测性的解释相结合的做法,成为学术界声誉很高的一项事业。① [11]但这却与笔者所想的不同。在《斐德若》中,柏拉图让苏格拉底说,对一个文本的形式进行分析,就是对其安排的“言辞写作的必然之道”(logographic necessity)②进行研究(264b)。某些文本的论点很容易被发现,其他一些文本则不然。后者的“创造性”和其安排应该受到赞赏(236a)。而笔者所想的便是研究柏拉图使用荷马的“创造性的言辞写作之道”。

　　荷马与柏拉图之间的距离,并不像那些使他们之间对立的“古

---

① 在这一类研究中,笔者最喜欢德里达(Jacques Derrida)对柏拉图所做的研究,参《柏拉图的药》,见其《播撒》(“Plato's Pharmacy,”in *Dissemination*,trans. B. Johnson;Chicago:University of Chicago Press,1981,pp. 61—171)。在关于柏拉图对话的“混合模式”的研究中,有一个相对来说更温和,从语文学角度来看也更为有趣,并以巴赫金(Bakhtin)的互文性概念为基础,即南丁格尔,《对话的类型:柏拉图与哲学的构建》(Andrea Nightingale,*Genres in Dialogue:Plato and the Construct of Philosophy*,Cambridge:Cambridge University Press,1995)。亦可参豪利威尔,《模仿的美学:古代文本与现代问题》(Stephen Halliwell,*The Aesthetics of Mimesis:Ancient Texts and Modern Problems*,Princeton:Princeton University Press,2002,pp. 37—150)。豪利威尔认为,柏拉图是一个对艺术和诗歌持有“深刻的矛盾”心理的“浪漫的清教徒”(26)。

② [按]典出柏拉图《斐德若》264b7(J. M. Cooper 编的《柏拉图全集》译作 principle of speech-composition,刘小枫教授译作“书写讲辞的必然[规则]”)。另参施特劳斯《城邦与人》,英文版,页 53。

老的争论"延续下去的人们所想的那么大,但也没有许多古人所想的那么微不足道。许多先于苏格拉底时期的哲学家,荷马叙事诗的吟诵者,以及一些文法学家,都被认为用寓言的方式诠释过荷马,但柏拉图并没有这样做。柏拉图在写作的时候,很可能手头有这类资料,但这些文本——记载着苏格拉底提到的"古老的争论"的文献——已经佚失了。他对荷马作品的解读也许受到了这类文本的影响,但到底是哪些文本我们却不能肯定。然而,就我们所知的来看,可以说,柏拉图利用荷马的方式,不同于那些早于他开始推测荷马叙事诗更深层意义的人。当然也不同于后来追随他的人,甚至不同于那些将荷马比喻成柏拉图主义者的人。[①] 笔者并不想去怀疑他在对话中利用《奥德赛》的方式,[12]是否效仿了护教的斐洛(Philo),或者是托名赫拉克利特(pseudo-Heraclitus)。真正使笔者感兴趣的是柏拉图刻意利用《奥德赛》作为其源文本的意义。

　　在当代的文学批评中,有许多对不同文本进行概括性地比较研究,这些研究将文本置于包罗万象的文化或传统中,指出其相似的形式模式,并对可能产生的影响进行了大致的推测。[②] 但这些

---

① 兰伯顿在他的作品中探讨了荷马的新柏拉图主义的寓言化问题,参《神学家荷马:解读新柏拉图主义者的寓言化与叙事诗传统的发展》(Robert Lamberton, *Homer the Theologian: Neoplatonist Allegorical Reading and the Growth of the Epic Tradition*, Berkeley and Los Angeles: University of California Press, 1986);以及裴平,《柏拉图式的与基督教的尤利西斯》,刊于奥米拉编《新柏拉图主义与基督教思想》(J. Pépin, "The Platonic and Christian Ulysses," in *Neoplatonism and Christian Thought*, ed. D. J. O'Meara, Norfolk: International Society for Neoplatonic Studies, 1982, pp. 3—18)。

② 其中最为有名的几本著作分别是:奥尔巴赫,《欧洲文学戏剧中的场景》(Erich Auerbach, *Scenes from the Drama of European Literature*, trans. R. Manheim; Minneapolis: University of Minnesota Press, 1981);布鲁姆,《影响的焦虑:诗歌理论》(Harold Bloom, *The Anxiety of Influence: A Theory of Poetry*, New York: Oxford University Press, 1973);以及弗莱,《伟大的密码:作为文学的圣经》(Northrop Frye, *The Great Code: The Bible As Literature*, New York: Harcourt, Brace, Jovanovich, 1982)。

研究并没有涉及作者刻意使用源文本的问题。当然,这一类型的学术研究也不在少数,即通过对直接的文本引用和典故进行编目,来给出某一指定文本的资料出处。[①] 在西方社会,最常被引用的经典书目列表中就有柏拉图对话,尽管与排在前面的《圣经》和莎士比亚的戏剧有一段距离。这些书是我们文明和文化的基础。然而,尽管它们这么重要,或许正因为它们这么重要,才使得关于柏拉图,莎士比亚和《福音书》(*Gospels*)的作者在创作中如何利用源文本的研究少得惊人。[②] 此外,几乎没有人将这个主题作为整体来进行探讨,并能够避免使用当下的文学理论中无用的抽象概念。该现象甚至连一个被大众广为接受的名称都没有。人们对它的称呼多种多样:改写,重写,源作品研究,文本研究,模拟,[13]模仿(*imitatio*),修辞仿拟,写作遗传学,文本互涉以及阐释(midrash)。笔者将用一个名称来称呼它:"重新塑造"(refiguring),之所以选择这个词,就是因为它没有理论基础。如果一个作者有目的有意义地将一个源文本作为新文本的一部分,那么新的文本就重新塑造了源文本。被作者用来重新塑造的源文本的那些部分,与被重

---

① 笔者发现以下著作价值非凡:拉巴布,《柏拉图的荷马》(J. LaBarbe, *L'Homère de Platon*, Liège:Faculté de Philosophie et Lettres,1949)和比菲耶尔,《荷马的神话与希腊思想》(Félix Buffière, *Les mythes d'Homère et la pensée grecque*, Paris:Société d'édition «Les Belles Lettres,» 1956)。

② 近来,一些有价值的研究已经开始出现。例如,与《圣经》相关的研究可参布罗迪,《探询约翰福音的起源》和《作为对话的创世记:文学,历史,和神学评论》(Thomas L. Brodie, *The Quest for the Origin of John's Gospel*, New York:Oxford University Press,1993; *Genesis As Dialogue: A Literary, Historical, and Theological Commentary*, New York:Oxford University Press,2001)。有关奥古斯丁的研究可参麦克马洪,《奥古斯丁虔诚的上升:论"忏悔"的文学形式》(Robert McMahon, *Augustine's Prayerful Ascent: An Essay on the Literary Form of the "Confessions"*, Athens:University of Georgia Press, 1989)。有关莎士比亚的研究可参琼斯,《莎士比亚的起源》(E. Jones, *The Origins of Shakespeare*, Oxford:Clarendon, 1977);以及苗拉,《解读莎士比亚》(Robert S. Miola, *Shakespeare's Reading*, New York:Oxford University Press,2000)。

新塑造后产生的新文本，可被总称为文学修辞。因此笔者所关心的便是，柏拉图对话如何重新塑造荷马《奥德赛》中的修辞。

在柏拉图对话中，《奥德赛》并不是唯一的源文本，但它却是迄今为止最重要的源文本。柏拉图或许未必在所有的对话中都用到了它，但在最重要的一些对话中，都可以很明显地发现它的痕迹。柏拉图重新塑造《奥德赛》的意图，简而言之就是将苏格拉底塑造成希腊最伟大的英雄。苏格拉底就是新的奥德修斯，雅典就是他的伊塔卡（Ithaca），苏格拉底人生中的插曲——与智术师和哲学家，年轻人和他的同胞们的各式各样的相遇经历——呈现的就是奥德修斯漂泊与回归过程中所经历的戏剧事件。柏拉图对话之间的关系问题一直是一个谜。计算机对语法用法的分析功能，并不能将这个问题当作传记和历史推测，或是大致的文本主题分组那样来解决。然而，如果那些在多篇柏拉图对话中都描述过的事件，与《奥德赛》中的片段相似，那么这部叙事诗便可被当作模板来加以利用。人们只需思考柏拉图重新塑造这部叙事诗的方式，以及他如何将其各部分安排在对话中，就可以得知他对它们之间关系的理解，不论它们何时写成。更重要的是，在这个过程中，我们也可以了解到柏拉图对《奥德赛》的理解。

解释《奥德赛》的历史本身便是一个课题，并且关于叙事诗创作的复杂性和形式的复杂性存在大量的学术分歧，因此没有哪个对其结构和实质的解释能够完全免于争议。而笔者对它的理解则比大多数更有争议。[14]多年以来，笔者用不同方式研读了《奥德赛》：有时是为了找寻"柏拉图的"蛛丝马迹；有时又将柏拉图抛诸脑后，通过阅读完其他学者所做的研究后，再回到原文本中来；然而，在最理想的情况下，则仅仅只为了享受而阅读。笔者认为，将荷马的诗歌视作在他创作之时就已十分古老的传统的巅峰，要远比赞赏它，将它视作新的文学传统的基础更为重要。比如，《奥德赛》与美索不达米亚的《吉尔伽美什史诗》（*Epic of Gilgamesh*）之间就有许多共同之处。二者都代表了东地中海文明的文化高度,对于这种文明,我们了解甚微,而且二者的象征的主要特点,都源于更为古老的近东文明。① 象征的起源如今已不难得知,但我们却不大可能通过前南斯拉夫的人种论来了解它。② 与在无休无止的南斯拉夫婚礼上歌唱的任何事物相比起来,《奥德赛》中的象征和西伯利亚萨满教的习俗之间拥有的相似之处要多得多。由于前者那样的场合,笔者已经历过多次,因此笔者对该观点有相当的把握。而对于后一习俗之中的比较,则还需要做更进一步的解释。

　　奥德修斯旅途中的戏剧事件,若按时间顺序来看,恰好遵循了一个模式,该模式所描绘的可以说成是奥德修斯始成为萨满教僧的历程。萨满教(Shamanism)是一个现代语词,形容的是世界上部族社会所共有的某种神秘习俗的仪式和象征。伊利亚德(Mircea Eliade)对该现象所做的可靠研究,为我们提供了一份绝佳的目录,该目录记载了这一现象从西伯利亚和西藏到美洲的多种形式。③ [15]尽管其特定的表现形式或许各式各样,但纵观不同的

---

① 参戈登,《在圣经之前:希腊与希伯来文明的共同背景》(Cyrus H. Gordon, *Before the Bible: The Common Background of Greek and Hebrew Civilization*, New York: Harper and Row, 1962);及费德曼,《荷马与近东:希腊天才的崛起》,刊于《圣经考古学家》(Louis H. Feldman, "Homer and the Near East: The Rise of the Greek Genius," *in Biblical Archaeologist* 59:1, 1996, pp. 13—21)。

② 参帕里,《荷马诗歌的形成:米尔曼·帕里的论文集》(Milman Parry, *The Making of Homeric Verse: The Collected Papers of Milman Parry*, Oxford: Oxford University Press, 1971);洛德,《故事的歌手》(Albert B. Lord, *The Singer of Tales*, Cambridge: Cambridge University Press, 1960。以及普博,《荷马创作的洛德-帕里理论》,见于《古典学报》(M. W. M. Pope, "The Lord-Parry Theory of Homeric Composition," *in Acta Classica* 6, 1963, pp. 1—21)。有关批判性的讨论请参奥斯丁,《月黑之时的箭术》(Norman Austin, *Archery at the Dark of the Moon*, Berkeley and Los Angeles: University of California Press, 1975, pp. 11—80)。

③ 参伊利亚德,《萨满教:古老的迷狂术》(Mircea Eliade, *Shamanism: Archaic Techniques of Ecstasy*, trans. W. R. Trask; New York: Bollingen, 1964)。在结语部分,伊利亚德说道:"许多叙事诗的'议题'或主旨,以及叙事诗文学中的许多 (转下页注)

社会和历史时期,我们可以发现一些标志性的特征。若要阐明萨满教"古老的迷狂术"和《奥德赛》的诗歌结构之间的关系,一个简短的概述就足够了。

　　萨满教即各类神灵通过不同寻常的仪式,帮助初入教者实现精神上的转变——参与仪式者通常由一位男性初入教者与多位女性神灵组成,其中最重要的仪式被描绘在沿着宇宙之轴(axis mundi)旅行的意象中。萨满僧人会谈到世界树,柱子和梯子之类的东西;所有这些象征均以参与到宇宙秩序中的经历为基础,该宇宙秩序的现象学,对于那些对夜空感到惊奇的人而言是很容易理解的。当我们仰望天空时,可以看见诸天绕着一个固定的点旋转,即这根轴的顶点;天空与地面通过这根轴相接,该轴与地面在一处翁法洛斯(omphalos)之地相交;①此轴穿过地面便进入到冥界,即死者的肉身与灵魂下地后的归所。萨满僧人要学习从两端沿着宇宙之轴行走,向下要抵达冥界,向上要去

（接上页注）人物,意象,以及陈词滥调,最终都有着迷狂术的源头,因为它们都取材于萨满僧人的故事,这些故事描绘了他们在超人类的世界中的旅行与冒险"(510)。笔者在论证中采纳了这些启发性的见解。它们还试图进一步发展沃格林在历史上人类经验的象征化领域所做的开创性研究。参《历史中的经验和象征化的对应物》,刊于《沃格林的作品集,卷十二,已发表的论文,1966—1985》(Eric Voegelin, "Equivalences of Experience and Symbolization in History," in *The Collected Works of Eric Voegelin*, Volume 12, *Published Essays*, 1966—1985, Columbia: University of Missouri Press, 1990, pp. 115—33);以及《秩序的象征》,见《秩序与历史,卷一,以色列与启示》("The Symbolization of Order," in *Israel and Revelation*, vol. 1 of *Order and History*, Baton Rouge: Louisiana State University Press, 1956, pp. 1—11)。有关笔者对其著作的批判性评价,请参普拉宁克,《柏拉图的〈蒂迈欧〉与〈克里提阿〉在沃格林的哲学中的意义》见《政治,秩序与历史》,休斯,麦克奈特,及普莱斯编("The Significance of Plato's *Timaeus* and *Critias* in Eric Voegelin's Philosophy," in *Politics*, *Order*, *and History*, ed. G. Hughes, S. A. McKnight, and G. Price, Sheffield: Sheffield Academic Press, 2000, pp. 327—75)。

①　[译按]翁法洛斯在希腊语中意为"肚脐"。考古学上认为是古希腊土著的坟墓。

往宇宙天体之间,而他在旅行中所经历之事将对他产生深刻的改变。此外,这些象征有一个很好理解的现象学:净化仪式与参与到超验秩序(transcendent order)中的迷狂经历(ecstatic experiences),将使初入教者变得更有道德,我们甚至可以说,[16]他将必然更有智慧,能够参悟生与死的奥秘。因此,当萨满教僧回归后,他便会被公认为一名医治者;换句话说,他的改变使他能够治愈他人的疾病,指导他人的生活,并使他所处的社会变得有秩序。

　　在荷马的笔下,萨满教象征的紧密的修辞被加以分化,并被运用得十分微妙,而且由于它被过多地附加在萨满僧人旅行的基本结构上,以至于几乎让人察觉不出。然而,叙事诗的核心,即奥德修斯是如何了解众多的城市与思想,又是如何回归并重建伊塔卡的秩序,这些都仍然充满了萨满教色彩。荷马对古式的象征结构所做的最重要的调整是,在沿着宇宙之轴行至超越凡人之界的地方这一基础上,增加了行至超越凡人社会的社会作为补充。奥德修斯在宇宙之轴上进行精神之旅,该轴的一端是由哈德斯(Hades)掌管的领域,在那里他得知了特瑞西阿斯的预言,另一端则由宙斯(Zeus)的闪电所控制,闪电击毁了他的船,导致他开始从宇宙中下降,踏上了回归之路。在这两个终极界限内,他与次级神灵之间发生的更直接也更密切的关系,要数他与他的引路人喀耳刻(Circe)和卡吕普索(Calypso)所发生的性爱关系。在后来补充的带有明显的政治意味的旅行中,奥德修斯通过与库克洛普斯人(Cyclopes)和费埃克斯人(Phaeacians)的相识,发现了或许为人类社会所追求的两个极端。

　　在柏拉图的笔下,荷马叙事诗里的修辞被进一步分化,原本的故事也变得更加微妙,并且还加入了很多新素材,在很多最重要的对话中,都存在他大量重新塑造的成果。但其核心思想仍未改变。在早前的一本书中,即《柏拉图的政治哲学》,笔者曾说过,《王制》和《法义》是柏拉图重新塑造荷马的最重要的两部作品。① 这两篇对话并不像通常所认为的那样情理相悖。[17]《法义》是对《王制》的补充,就好比《奥德赛》的下半部是对上半部的补

---

① 普拉宁克,《柏拉图的政治哲学:〈王制〉与〈法义〉中的审慎》(Zdravko Planinc, *Plato's Political Philosophy*: *Prudence in the "Republic" and the "Laws"*, Columbia: University of Missouri Press, 1991)。笔者拙著是以库珀的著作为基础的,即《一块在黑暗中培育的浮肿:〈王制〉中两个地球上的主题》,见《政治,哲学,写作:柏拉图关怀灵魂的艺术》,普拉宁克编(Barry Cooper, " 'A Lump Bred Up in Darknesse' : Two Tellurian Themes of the *Republic*," in *Politics*, *Philosophy*, *Writing*: *Plato's Art of Caring for Souls*, ed. Zdravko Planinc, Columbia: University of Missouri Press, 2000, pp. 80—121)。有关天文学和宇宙学在解释古代神话的象征形式中的意义,请参德桑提拉纳与戴程德,《哈姆雷特的磨坊:论神话与时间的框架》(Giorgio de Santillana and Hertha von Dechend, *Hamlet's Mill*: *An Essay on Myth and the Frame of Time*, Boston: Godine, 1977)。有关荷马的比较研究,请参雷赫(Edna Florence Leigh)的论文,《荷马秘密的"伊利亚特":解密夜空的叙事诗》,(*Homer's Secret "Iliad"*: *The Epic of the Night Skies Decoded*, comp. and ed. Florence Wood and Kenneth Wood, London: John Murray, 1999)。布莱恩以类似的精神对柏拉图进行了解释,参《〈王制〉中的音乐》,刊于《竞赛》(卷一)(Eva Brann, "The Music of the *Republic*," *Agon* 1, 1967, pp. 1—117。[按]后收入氏著同名文集中)。有关荷马与柏拉图的作品在文学上的相似之处,请参西格尔,《费埃克斯人与奥德修斯回归的象征》,刊于《阿里翁》(卷一)(Charles P. Segal, "The Phaeacians and the Symbolism of Odysseus' Return," *Arion* 1: 4, 1962, pp. 17—64);与《"神话得到了拯救":对荷马与柏拉图〈王制〉中的神话的反思》,刊于《赫尔墨斯》(" 'The Myth Was Saved' : Reflections on Homer and the Mythology of Plato's *Republic*," *Hermes* 106, 1978, pp. 315—36。[按]中文参张文涛编:《神话诗人柏拉图》,华夏出版社,2010 年,页 221—249);以及艾斯纳,《作为英雄的苏格拉底》,见《哲学与文学》(Robert Eisner, "Socrates As Hero," *Philosophy and Literature 6*, 1982, pp. 106—18)。柏拉图对荷马象征的理解,很可能受到了某些宗教习俗和解释传统的影响,有关这一方面的探讨,请参格里马迪,《苏格拉底的萨满教:对柏拉图哲学中的语言的思考》,刊于《形而上学与道德杂志》(N. Grimaldi, "Le shamanisme socratique: Réflexion sur le langage dans la philosophie de Platon," *Revue de Métaphysique et de Morale* 73, 1968, pp. 401—29);麦克嘉黑,《俄耳甫斯的时刻:柏拉图,尼采和马拉美,从萨满僧人到诗人思想家》(R. McGahey, *The Orphic Moment*: *Shaman to Poet-Thinker in Plato*, *Nietzsche*, *and Mallarmé*, Albany: SUNY Press, 1994, pp. 27—50);以及金斯利,《古代哲学,秘仪和巫术:恩培多克勒与毕达哥拉斯的传统》(Peter Kingsley, *Ancient Philosophy*, *Mystery*, *and Magic*: *Empedocles and Pythagorean Tradition*, Oxford: Clarendon, 1995)。

充一样。在《王制》中,关于正义本质的讨论,引导着对话者思考灵魂的类型与城邦的类型之间的相似之处。基于这一点,柏拉图在《法义》得出结论之前,在贯穿于几篇对话中的苏格拉底漂泊与回归的故事中,对如下二者进行了更为明确的分化,即奥德修斯旅行的精神和政治成分。

　　奥德修斯旅行中的精神成分,起初在《王制》中被重新塑造成苏格拉底下往比雷埃夫斯(Piraeus)的哈德斯,讨论就是在那里进行的,以及之后在言辞中,他又上升至超验的(transcendent)"高于实在的善"(good beyond being)的视界(vision;《王制》509b)。萨满教中灵魂的下降和上升的意象,在柏拉图对话中被反复地重新构建,最为典型的就是在苏格拉底结尾的故事中,有一个名叫厄尔(Er)的潘菲利亚人(Pamphylian),他从冥府归来后,诉说了自己的所见所闻:灵魂在死后如何接受审判,它们如何选择新的生活,[18]以及它们如何沿着宇宙之轴在宇宙中行走而获得重生。① 在

① 普拉特所言极是,"现代评论家跟古代评论家一样对厄尔知之甚少",参《柏拉图,〈王制〉614b》,刊于《古典评论》(Arthur Platt,"Plato, *Republic* 614b"*Classical Review* 25,1911,p. 13)。在《王制》最完好的手稿中,最古老的可追溯到公元 9 世纪,这些手稿仅与一篇文章达成了一致,该篇文章名为:'Ηρὸς τοῦ 'Αρμενίου, τὸ γένος Παμφύλου(614b)。然而,波特警告,尽管最可靠的原始手稿与其他古代文本的间接引用传统相符,我们也不能"自鸣得意地以为"我们拥有"柏拉图所写的一切";这种一致可能是由于早期的"污染"所致,参《柏拉图〈王制〉的文本传统》(Gerard Boter, *The Textual Tradition of Plato's "Republic"*, Leiden: E. J. Brill, 1989,p. 79)。古代的评论家认为这篇文章有许多可疑之处。公元一世纪末,普鲁塔克(Plutarch)将源于父名的姓(patronymic)理解成'Αρμενίου[和谐的],他仅对这个字进行了象征性的解释(《论文集》[*Symposiakon*] 9.740b)。在接下来的一个世纪里,亚力山大的克莱门特(Clement)在论证柏拉图作品的最佳见解来源于《希伯来圣经》时,把他等同于琐罗亚斯德(《杂俎集》[*Stromata*] 5. 103)。在公元十世纪或十一世纪,在普罗克洛斯做了平实的解读后,即《王制》注疏集(Proclus, *Commentary on the Republic*),《苏达辞书》(*Suda Lexicon*)将这个人名字的主格形式规定为厄尔,但这样做的时候,是将他认作希伯来人厄尔(Hebrew Er),即俄南(Onan)的哥哥(《创世记》Gen. 38: 3—4;《路加福音》Luke 3: 28)。赋予他这个身份,是为了将柏拉图的作品归为一篇记叙文,一篇可以削弱出现在基督(转下页注)

《王制》的结尾,柏拉图使奥德修斯和苏格拉底之间的关系变得相当明确。在苏格拉底所叙述的厄尔的故事中,最后一个选择新生活的是奥德修斯的灵魂。它选择的是一种"只须关心自己事物"的普通人的生活,也就是说,它选择的是正义的生活,而这正是苏格拉底声称自己所过的生活(《王制》620c)。苏格拉底灵魂的上升和后来习得德性的故事,在其他对话中也被频繁地重新构建并加以重述。[19]例如在《会饮》中,苏格拉底讲述了他从曼提尼亚(Mantinean)女预言家第俄提玛(Diotima)那里初次了解"爱欲"(erōtika)的奥秘的故事,他的讲述也遵循了同样的形式:爱的阶梯的"上升的台阶"通往"完美的启示",却因看见最高的事物而受到"震惊"或"挫败"(ekpeplēxai)从而告终(209e—212a),这正如奥德修斯在旅行到最高点时,他的船被宙斯的闪电击裂而受到挫败一样(《奥》12.403—419)。

奥德修斯在宇宙中心旅行的政治成分也同样出现在了许多对话中。对雅典的每一次描述都可以分为两个方面,一方面是智术师和专制政治人士的势力,另一方面则是苏格拉底的权威,这正同

(接上页注)教启示之前的一切事物的记叙文;而且在这种情况下,柏拉图作品中的不足,便暗示着一种受限制且有缺陷的爱欲,这种爱欲要次于普世的基督教博爱精神(caritas)。现代评论家遵循传统将这个人认作厄尔,但却对解释此人物的文学或象征意义丝毫不予以关注。如今他们更关注的是源于父名的姓。亚当认为"τοῦ Ἀρμενίου理当是'阿门纽斯(Armenius)'而非'亚美尼亚人(Armenian)之子'",参《柏拉图的〈王制〉》(James Adam, The "Republic" of Plato, Cambridge:Cambridge University Press, 1902)。相反,普拉特却认为这个名字应该是亚美尼亚,并且"τοῦ Ἀρμενίου的意思是'亚兰(Aram)的儿子亚拉(Ara)'",参《柏拉图,〈王制〉614b》,p. 14。古代与现代的评论家都没有注意到一个事实,即,柏拉图刻意给这个从冥府回来,告诉人们获救的故事的人所取的名字,其属格形式(Ἥρος)与爱若斯神(Ἔρως)的名字十分相似。因此,苏格拉底讲述的厄尔回忆哈德斯的故事,其象征结构便处于如下二者之间,即萨满巫师指引亡灵沿着宇宙之轴去往哈德斯,之后再回来将其见闻告诉世人的古老故事,与柏拉图对苏格拉底回忆哲学(anamnetic philosophy)中爱欲的和精灵的(daimonic)品质所做的更为丰富的描述。

伊塔卡的状况与奥德修斯的权威相呼应,整个伊塔卡城被目无法纪野蛮无道的求婚者们搞得一团糟,社会状况简直和库克洛普斯人的社会一样,直到奥德修斯带着秘密礼物从费埃克斯人的繁荣社会归来。归国后的奥德修斯拥有与萨满僧人一样的能力,在被认出身份后,他恢复了自己国家的秩序。在《高尔吉亚》中,柏拉图让苏格拉底宣称自己也拥有类似的权威,他说的话令人十分震惊,同时也具有十足的革命性,即他是活着的雅典人中,唯一一个有能力"实践政治",也是唯一一个懂得"真正的政治技艺"的人(521d)。然而,雅典人却并不认可他,尽管他们知道他的权威就好比宇宙的中心得到过德尔斐神谕的认可一样(《申辩》21a)。他看到完全正义的城邦是何等的繁荣,但这样的景象却只能留藏在脑海中。奥德修斯将伊塔卡整顿成像费埃克斯人天上的城邦一样,却付出了极大的代价。苏格拉底的德性要更胜一筹:他克服了奥德修斯最终都无法克服的弱点,即追求荣誉(《王制》620c)。因此他说到,天上的城邦只能在一个人自己的灵魂中找到(592a—b)。

　　《王制》完整描述了苏格拉底宇宙中心之旅的精神成分,但对其政治成分的描述却并不完整。对话中对灵魂类型与城邦类型的平行描述,[20]并非在任何层面上都平行:苏格拉底的"高于实在的善"的视界,并未在言辞中的城邦里得到充分地展示。在《奥德赛》中,这两种成分均有体现:在宙斯的闪电终结了他的上升之路后,奥德修斯先是被困在卡吕普索的岛上长达七年,之后便来到了拥有最佳政体的费埃克斯人的国家。《王制》里言辞中的城邦,无法与费埃克斯人天上的城邦相媲美。柏拉图让苏格拉底讽刺地称之为"美好城邦"(*kallipolis*,527c)——也可以说是卡吕普索的城邦。此外,柏拉图还暗示,通过将奥德修斯离开卡吕普索岛屿的插曲,重新塑造在著名的"三个浪头"(three waves)的象征中,其中最后一波为哲人王的统治,对话的政治性讨论是不完整的。在互相让步的讨论中,《王制》中的美好城邦尚存一席之地,但苏格拉底却将其抛诸脑后,力图达到由真正的哲学家所统治的完全正义且美好的城邦。最后仅在《法义》中,伪装成雅典异乡人的苏格拉底找到了费埃克斯人的城邦。

纵观政治哲学史,从西塞罗至今,人们习以为常地将《王制》视作体现柏拉图最高政治理想的著作。而《法义》却被人们完全遗忘了,或者被认为具有欺骗性,或者被看成是一个古怪老头写的东西;一旦对其加以仔细研究,人们通常认为里面的马格尼西亚(Magnesia)比不上《王制》里的"美好城邦"。然而,当人们将这两篇对话同《奥德赛》放在一块儿细读时,它们之间的关系便会以一个完全不同的视角呈现出来。在创作《王制》时,柏拉图的脑海中已有了《法义》,与美好城邦相比,马格尼西亚才是更高的理想。柏拉图的政治哲学,并非他的大多数罗马的。基督教的和现代的读者们所理解的那样。

柏拉图对话仍然有许多可研究之处。这一块以《奥德赛》为地图和向导的考古发掘之地才刚刚破土。在每一次最初的发现中,尽管发掘的具体位置总的来说并不十分确切,但可以大致判定,这就是我们要挖掘的地方,并且经过一段时间以后,我们自然便可以看出这些被挖掘出来的新奇事物的秩序。目前的研究在相邻领域挖掘得更多。[21]通过细思《斐德若》和《蒂迈欧》—《克里提阿》(Critias)中荷马的意象,笔者在以下方面的研究才得以继续,即《王制》和《法义》在文学上和实质上的连续性。笔者的目的是,通过研究这些对话中被重新塑造过的荷马的修辞,从而更好地理解每一篇对话,以及它们与柏拉图其他主要著作之间的关系。将会有许多的学术问题被提出和解决,因为书籍本来就是贡献知识的。但笔者之所以关注这个问题,并不是受奖学金所吸引;真正吸引笔者的,是这样一项研究工作所包含的更加深远的意义。若以这样的方式来阅读柏拉图对话,我们便能更加了解柏拉图;通过柏拉图,我们又能更加了解荷马;而通过体现他们之间友谊的文学作品,我们便能活生生地了解到最好的希腊文化。

《斐德若》和《蒂迈欧》。《克里提阿》几乎总是被分开来探讨。千百年来,《蒂迈欧》因其神学的或科学的学说而被人们加以仔细研究。而它的姊妹篇《克里提阿》却备受冷落,人们要么认为它仅仅只是一个关于亚特兰蒂斯(Atlantis)的故事,要么则对它感到困惑,因为从表面上看,它还没有写完。近年来,《斐德若》因其奇特性而吸引了学术界诸多的目光:它与现代对爱欲和文学理论的理解之间有相似之处,二者有时甚至会被合起来加以研究。然而,由于《斐德若》中的宇宙论似乎与《蒂迈欧》中的宇宙论大不相同,因此二者之间的关系问题几乎从未被人提起。当我们将这两篇对话放在一起思考时,我们通常将其置于解释模式的语境中,该解释模式主要与柏拉图形而上学学说发展的突出阶段有关。没有哪一项研究将这些对话——包括里面所体现的所有有趣的事物在内——视作一组具有内在一致性、统一性且与柏拉图其他主要对话之间有明确关系的作品。

笔者认为,《斐德若》、《蒂迈欧》和《克里提阿》主要的文学特征都来自于《奥德赛》中的一部分内容,即奥德修斯在即将归国之前与费埃克斯人在一起的故事。当奥德修斯游到斯克里亚岛(Scheria)的岸边时,即费埃克斯人的岛屿,遇到了国王的女儿瑙西卡娅(Nausicaa)。尽管奥德修斯还尚未在宫廷上揭示自己的身份,但也同样得到了客谊的礼遇:[22] 歌人德摩多科斯(Demodocus)高唱赞美奥德修斯的歌曲,其中有几首描述的就是特洛亚战争的故事;奥德修斯还参加了体育竞技赛,并且他希望借助费埃克斯人的魔力船返回故乡伊塔卡的请求也得到了慷慨的许可。当德摩多科斯的歌曲使奥德修斯无法再向费埃克斯人隐瞒自己的身份时,他便取代了歌人的位置,向大家讲述了之前的漂泊经历,即从特洛亚到卡吕普索的岛屿,途经哈德斯,以及斯库拉(Skylla)与卡律布狄斯（Charybdis）把守的可怕隘口。大家听完他的故事后都惊叹不已，赠予了他大量珍贵礼物并送他回国。奥德修斯从酣梦中醒来时已经到了伊塔卡的岸上。送他回国的船只被波塞冬（Poseidon）摧毁了，海神得知费埃克斯人帮助奥德修斯回国后勃然大怒，于是对他们实行了报复，并决心将他们的国家也一并摧毁。

　　柏拉图将这一段精彩插曲的修辞顺序打乱了，并将各部分运用在了不同的对话中。在《斐德若》中，奥德修斯与瑙西卡娅在斯克里亚岛岸边相遇的情节，被重新塑造成苏格拉底与斐德若在雅典城外的伊利索斯（Ilissus）河边的相遇。这就为柏拉图构建该文本提供了一个基本结构。《斐德若》末尾的祈祷，照应了奥德修斯在伊塔卡岸上醒来时的情形，而发生在他到达斯克里亚岛和返回故乡之间的事情，则在对话中实质的核心部分被加以重新塑造。最重要的是，在苏格拉底赞美爱若斯的第二篇讲词中——即为人们所熟知的"翻案诗"（palinode），因为苏格拉底在此回顾了他的第一篇讲词，并推翻了其中无意亵渎神灵的内容——柏拉图将如下二者结合起来，即奥德修斯与瑙西卡娅相遇中萨满教的或有关宇宙中心的部分，与奥德修斯旅行中后来讲述的故事里的类似意象，主要是那些记叙奥德修斯与女性神灵或女半神之间关系的插曲——其中包括卡吕普索、喀耳刻、塞壬女妖——以及永远保持警惕的雅典娜。柏拉图重新塑造的绝妙成果，尤其是翻案诗中灵魂上升穿过宇宙直至其天顶，望见天外境界（hyperouranian region）的辉煌景象，成为了有关诗歌中音乐的迷狂与哲学中爱欲的迷狂相统一的对话中最精彩的表述之一。

　　[23]《蒂迈欧》和《克里提阿》应被当作一部作品来读，其戏剧结构以奥德修斯在费埃克斯人宫廷上的场景为基础。德摩多科斯为奥德修斯演唱了三首歌曲。第一首和第三首讲述了特洛亚战争的故事，其中所叙述的苦难经历让沉默不语的奥德修斯不禁黯然神伤。第二首歌曲是在竞技赛上演唱的，讲述的是一个欢快的故

事,即阿芙洛狄忒(Aphrodite)和阿瑞斯(Ares)之间的风流韵事。柏拉图按顺序将这些修辞重新塑造成克里提阿和蒂迈欧的三次发言,而对于他们的发言,苏格拉底基本以沉默作为回应,这也可以从德摩多科斯的歌曲对奥德修斯所产生的影响来加以推断。柏拉图以德摩多科斯演唱的阿瑞斯和阿芙洛狄忒之歌为基础,向我们呈现了蒂迈欧的毕达哥拉斯宇宙论的主要特征。他在创作这篇对话时,很可能参考了毕达哥拉斯对《奥德赛》的解释,但就算中介文本(mediating texts)已经散失,我们仍然可以很明显地找出荷马作品的痕迹。而德摩多科斯演唱的特洛亚战争的歌曲,则成为了柏拉图呈现克里提阿的雅典和亚特兰蒂斯之间古老战争故事的基本结构。这个故事中许多令人困惑的细节,都可以在《奥德赛》中找到它们的源头:例如,亚特兰蒂斯的沉没,照应了波塞冬摧毁斯克里亚岛。但更重要的是,这篇对话中潜在的荷马文本,向我们暗示了它为何结束得如此突然。《克里提阿》之所以没有完结并非出于无意。德摩多科斯的演唱被奥德修斯的哭泣突然打断了,随后便告诉了费埃克斯人他的名字,并取代了歌人的位置。同样,克里提阿的智术故事也被突然打断了,随后它便被其他对话中一个更好的故事超越了。

　　若从作品的自给自足性来看,柏拉图的所有对话都是不完整的;它们都与其他对话相互联系。《蒂迈欧》和《克里提阿》这一组对话并非没有写完,但柏拉图故意没有在这里阐明他对政治学和宇宙论的最佳理解,就这一点而言,它们的确不完整。当我们觉得似乎少了些什么的时候,这些对话中的荷马痕迹通常是为我们指引方向的最佳向导。以柏拉图的宇宙论为例:按传统的理解来看,《蒂迈欧》所缺少的,对于界定"柏拉图主义"具有决定性意义,而这一空缺被圣经神学给填满了。[24]然而,对这些对话中荷马式的修辞加以研究之后,我们便会将目光从《蒂迈欧》转向《斐德若》。《蒂迈欧》中毕达哥拉斯学派的论述所基于的修辞,被《斐德若》所基于的修辞掩盖了。此外,在呈现两篇对话中有关宇宙论的论述时,柏拉图用的是奥德修斯和德摩多科斯之间关系的同一个修辞,因此我们可以很清楚地看到,他认为苏格拉底的爱欲远胜于蒂迈欧的毕达哥拉斯机械学。同样地,《斐德若》也并不完整。它与《蒂迈欧》和《克里提阿》一样,都与《王制》息息相关。甚至连《王制》这部在柏拉图所有对话中知名度最高,且从表面上看似乎是自给自足的作品,也仍然不完整。在苏格拉底"下往"比雷埃夫斯的那一晚,他和他的谈话者们探讨过的许多事情,都可以以不同的方式继续探讨下去。《蒂迈欧》和《克里提阿》便从一个角度继续了此次探讨。他们选择的路与柏拉图的苏格拉底所选择的不同。而《斐德若》则选择了一条从《王制》到《法义》的更高更远的路。

下降:《蒂迈欧》与《克里提阿》

[25] 直到现在,传统的观点都认为柏拉图是想把《蒂迈欧》和《克里提阿》作为以《王制》为开端的一系列对话中的一个部分。支持该观点的最佳证据,就是这些对话的场景之间的关系。《王制》以苏格拉底向一个身份不明的听者回忆前一晚的讨论为开始。《蒂迈欧》则在一开始就传达了一个讯息,即那天听苏格拉底叙述的一共有四个人,而不是一个,现在他们又再一次聚首,进一步探讨那些问题。与苏格拉底一同出现的有蒂迈欧,克里提阿和赫墨克拉底(Hermocrates);而前一天出现的第四个人——依旧未提及姓名——却无故失踪了。柏拉图对话在时间上的延续性历来都被认为是不言自明的,然而却没有相关的研究出现。[26]将柏拉图对话视作对形而上学、宇宙学和逻辑学等学说所做的论述,而文字形式虽极富吸引力,却可有可无,这样的看法在柏拉图去世后不久,便在哲学流派中兴起了。

近来,基于一两个语文学式双关语和对柏拉图谱系学的推测,学者之间已经达成了一个共识,即否定柏拉图有意使这些对话在时间上和文学上具有连续性。新的正统观念以文本之间相关的戏剧时间为基础,但却同它所替代的旧式观念一样,对于解释被认为体现在对话中的学说而言毫无用处:有人称,通过重点关注对话创

作的历史时间,我们便能对柏拉图关于这个或那个话题的理论形
成最好的理解。新的正统观念基本上没作多少变动,但它却产生
了颇为讽刺的结果,即它大大降低了柏拉图对话的历史趣味性。
根据传统,人们习惯性地将这些对话中的克里提阿视作柏拉图的
叔父,即僭主克里提阿,尽管他一直被认为只不过是柏拉图想写却
没写完的奇怪故事中的一个小人物而已。而如今,学者们却认为
他是僭主的祖父,但除了知道他的名字也叫克里提阿之外,对他几
乎一无所知:从整体上看,这一角色对于讲述一个非常古老又有些
空洞无味的故事而言,似乎更加合适,但在趣味性上却大打
折扣。①

　　传统观念将这些对话视作一套三部曲,笔者认为这是对的,但
在找寻柏拉图学说的过程中,忽视其作品的文学特征,这就大错特
错了。从柏拉图在创作中所使用的荷马的修辞来看,柏拉图对话
在时间上和戏剧上的连续性,便充分说明了柏拉图希望读者怎样
去理解蒂迈欧和克里提阿就宇宙论和政治学所作的论述。蒂迈欧
在对话中阐述的是他自己的理解,而非"柏拉图的"理解。他是一
个来自意大利罗克里(Locris)的毕达哥拉斯主义者(Pythagore-
an)。尽管柏拉图在构建蒂迈欧的论述时,很可能以同时期毕达
哥拉斯学派的文献为蓝本,但对于其中的内容,柏拉图究竟赞同或
者不赞同到什么程度,[27]我们也只能从他用来呈现这个故事的
文学形式来加以定夺。克里提阿的确是柏拉图的叔父,同时还是
个令人困惑不解的人,在他满足自己的政治野心之前,即成为凶残
的三十僭主(Thirty Tyrants)之一前,他曾写下了大量的书作和剧
本。尽管克里提阿流传下来的作品所剩无几,因此不便于比较,但

---

① 　关于该论点的概述,参看利弗,《柏拉图的〈蒂迈欧〉—〈克里提阿〉中的人物,情节与
思想》(Warman Welliver, *Character, Plot, and Thought in Plato's "Timaeus"-*
"Critias", Leiden: E. J. Brill, 1977, pp. 50—57)。

亚特兰蒂斯和雅典之战的故事,显然是一个智术故事。柏拉图之所以将其叔父作为《蒂迈欧》和《克里提阿》的主角,并不是出于对他持久不变的"尊敬和爱戴",①一方面是突显智术师与僭主之间的对比,另一方面则是其与哲学家之间的鲜明对比。最好地体现了对话哲学内涵的便是对话中的诗歌,不论它们是于何时写成的。《蒂迈欧》和《克里提阿》中诗歌的主要特征,乃是重新塑造奥德修斯和费埃克斯人在一起的片段,这些诗歌充分体现了如下对比,即柏拉图对苏格拉底的爱和对克里提阿公然的蔑视。

　　对话中戏剧场景设置之间的连续性,要比可能的戏剧时间好确定得多。柏拉图不是在写历史。对话中的事件具有历史合理性,并具有许多现代小说的风格,我们所能确定的就只有这么多。由于我们对古希腊的了解太过于零散,以至于难以得心应手地解释柏拉图所参考的文学—历史资料,亦无法对文本中的细节熟谙于心,而这恰恰是了解其作品中微妙之处所必需的。我们无法确定柏拉图给《王制》《蒂迈欧》和《克里提阿》中场景所设定的具体历史时期,而且就我们对这段历史时期的了解来看,我们能否得到一个准确的答案,而不是猜测,这也是值得怀疑的。更糟糕的是:关于戏剧的时间问题,一直存在诸多混乱的语文学之谜,仅靠猜测是无法成功解开这些谜题的。

　　这套三部曲到底发生在哪一年?《王制》(368a)中提到了一场麦加拉(Megara)战役,柏拉图的两个兄弟,格劳孔(Glaucon)和阿德曼托斯(Adeimantus)都在不久之前参加了此次战役,但它究竟发生在公元前424年还是公元前409年? 这篇对话在叙拉古(Syracusan)的武器商克法洛斯(Cephalus)的家中进行,[28]但他和他的儿子们又于何时定居在比雷埃夫斯? 当克法洛斯的儿子们玻勒马科斯(Polemarchus)、欧绪德谟(Euthydemus)和吕西阿斯已经成熟

---

① 格思里,《智术师》(W. K. C. Guthrie, *The Sophists*, Cambridge: Cambridge University Press, 1971, p. 299)。

到足以同苏格拉底辩论时,克法洛斯是否仍然在世?《蒂迈欧》和《克里提阿》的时间,是根据人们所认为的克里提阿的意愿而确定的:两代人的差异。那么这与赫墨克拉底又有什么关系呢? 这位西西里僭主何时来到雅典? 他来干什么? 如果这些都不算问题的话,还有一个更伤脑筋的问题:三部曲是在哪一周发生的?《王制》发生在祭祀女神本狄斯(Bendis)的节日里,现认为该节日是在萨格里亚月(Thargelion,或译作"初果月",意为"初熟的果实",相当于公历五月末至六月初)中旬。《蒂迈欧》和《克里提阿》发生在祭祀某位"女神"的节日里(《蒂迈欧》21a),但究竟是哪位女神呢? 我们通常会顺口提到祭祀雅典娜的最大的节日,即泛雅典娜节(Panathenaia),这个节日发生在一月末(Hekatombaion,或译"大祭月",意思是"百牲大祭",相当于公历七月中至八月中),由于其时间过晚,因此可能性不大。于是问题便出现了,我们找不到能帮助我们解决这些问题的资料。与之有关的资料少之又少:修昔底德(Thucydides)的《伯罗奔半岛战争史》(*Peloponnesian War*),色诺芬(Xenophon)的《希腊志》(*Hellenica*)和吕西阿斯的《演说辞》(*Orations*)是与之同时代的作品;狄奥多罗斯(Diodorus)的《历史》(*History*)和普鲁塔克的《对比列传》(*Lives*)则出现得晚一些。每部著作都很可靠,但对于解决这些问题而言,证据仍然不足,有时甚至自相矛盾。

　　对于所有这些解释性的问题,没有哪个可能的日期不存在争议。那么我们究竟如何确定哪一个猜测最准确呢? 由于柏拉图是一位杰出的作家,因此笔者认为,他有必要首先考虑哪个日期能使得对话最有趣味性。基于这一标准,符合条件的便只有一个:公元前407年的本狄斯节(Bendideia)清洗节(Plynteria)那一周。[1] 从

---

[1]　根据我们最准确的估计,本狄斯节大约是在萨格里亚/初果月的19号;普林特里亚节则大约是在同一周里的萨格里亚/初果月25号。这一周的时间为泰勒所认可,参《柏拉图〈蒂迈欧〉义疏》中对《蒂迈欧》17a1的注释(A. E. Taylor, *A Commentary on Plato's "Timaeus"*, Oxford: Clarendon, 1927)。

文学角度来看,这个时间具有历史可能性,而且它的一些意涵也相当有趣。

到了公元前 407 年,格劳孔和阿德曼托斯正处于合适的年纪,他们在公元前 409 年雅典获胜的麦加拉战役中表现突出——公元前 424 年的战役以不痛不痒的平局告终——并且在足够长的一段时间里,格劳孔的情人写下了一首赞扬他们勇气的诗,[29]并使之广为流传。① 在伯罗奔半岛战争的后期阶段,克法洛斯的生意十分兴隆,吕西阿斯在意大利度过了几十年以后,也于公元前 411 年回到了比雷埃夫斯的家中,此后便一直待在那里。然而,克法洛斯本人事实上已经去世多年了。这也许就解释了,为什么柏拉图要让苏格拉底说克法洛斯看上去很老,而且看到克法洛斯甚至还在那里时,他会感到不可思议(328b)。在卷一中,克法洛斯短暂、游魂似地出场,并欢迎苏格拉底来到比雷埃夫斯,这在一定程度上是柏拉图对著名的荷马的修辞所进行的重新塑造:勇敢的奥德修斯来到了哈德斯,在那里遇到了埃尔佩诺尔(Elpenor)的亡灵,这让奥德修斯颇为震惊,因为他一直以为他还活着。② 被父亲克法洛斯

---

① 笔者从罗德斯处了解到,有进一步的证据可以证明一个更晚时间的可能性。在他的著作《爱欲,智慧与沉默:柏拉图的爱欲对话录》中(James Rhodes, *Eros, Wisdom, and Silence: Plato's Erotic Dialogues*, Columbia: University of Missouri Press, 2003),提到了一个十分有说服力的案例,即通过将柏拉图几度提到忒阿格斯(Theages)的内容做一个比较,我们便可以推测出,《王制》发生在公元前 408 至前 405 年之间。他指出,在《忒阿格斯》(*Theages*)中,苏格拉底提到了一场当时正在进行中的反对以弗所(Ephesus)和伊奥尼亚(Ionia)的运动,而我们知道,这场运动发生在公元前 409 年。在对话的结尾,苏格拉底同意让忒阿格斯以见习生的身份陪同在自己身边,这对他的政治生涯大有裨益。然而在《王制》中,苏格拉底说忒阿格斯是自己目前的同伴,由于他疾病缠身,因而无法丢弃哲学而选择政治(496b—c)。因此,认为《王制》大约发生在公元前 408 至前 405 年的结论是合情合理的。

② 根据古代的资料来看,在《王制》的戏剧时间里,克法洛斯已于那时去世很久了。参鲍桑葵,《柏拉图〈王制〉指南》(Bernard Bosanquet, *A Companion to Plato's "Republic,"* 2d ed., London: Methuen, 1895, p. 38);以及布莱恩,《〈王制〉中的音乐》("The Music of the *Republic*,"p. 3)。

称作"好战者"(Warlord)的玻勒马科斯,也很快就会留下来,迈向
死亡。三年后,雅典终将败给斯巴达,届时雅典便会建立寡头政
权,即三十僭主的政权,如此一来玻勒马科斯便会被判处死刑。然
而到了公元前407年,战争的结局依旧还是个未知数。此时就连
即将成为效忠于斯巴达的三十僭主之一的克里提阿,也仍然对雅
典的胜利存有一丝希望。

　　克里提阿曾公开表示支持召回其被流放的朋友阿尔喀比亚德
(Alcibiades),①在他看来,阿尔喀比亚德是适合统领雅典军事力
量的唯一人选。尽管在可怕的西西里战役期间,当雅典人令其回
来受审时,[30]他逃去了斯巴达,但人们却相信他在那儿的时候,
曾经暗中协助过雅典的战事;而后来他又逃离斯巴达转而投靠波
斯帝国,因此雅典方面便考虑宽恕他的罪行。当雅典海军在他的
领导下,于赫勒斯滂(Hellespont)打赢了几场胜仗之后,雅典人便
确信了他的忠诚,尽管那时他仍处于流放之中。在公元前407年
的普林特里亚节,当阿尔喀比亚德的船只驶入比雷埃夫斯港时,雅
典人纷纷停下手里的活,通通跑去庆祝他这次不详的归来。民主
派和寡头派都很喜欢阿尔喀比亚德,或者认为他大有用处,尽管他
们的理由不同;反过来阿尔喀比亚德也认为,只要能获得权力,选
择哪条途径倒是其次。在他回来的当天,所有争议都被暂时搁置
一旁,众人一心翘首企盼着即将到来的胜利。

　　曾打败了雅典远征军的西西里僭主赫墨克拉底,也有一番与
之类似的坎坷生涯。公元前409年,当他本人不在叙拉古时,一次
民主政变导致他惨遭放逐,此次放逐使他最终来到了波斯,并在斯
巴达使节们的陪同下去往了**法那巴佐斯**(Pharnabazos)的府邸。
在公元前407年的春天,他开始行踪不明:很可能他从波斯回来

---

①　他们之间关系的本质在如下两部著作中阐述得最为清楚,即柏拉图的《普罗塔戈
　　拉》和色诺芬的《回忆苏格拉底》(*Memorabilia*1.2.12—38)。

了,准备再度征战叙拉古,并四处请求支援。克里提阿本该发现他是一位友善的暂住客。当赫墨克拉底终于带着自己的人马返回西西里时,西西里的政治状况十分不妙,于是在取得巩固的政权之前,他便被杀害了。在公元前 405 年,他的女婿狄奥尼修斯(Dionysius)成功即位成为僭主。狄奥尼修斯于第二次婚姻所生的长子也叫狄奥尼修斯,后来他又再婚,他的女婿名为狄翁(Dion),这两人都和柏拉图很熟。《书简七》(*Seventh Letter*)里讲述的内容就是,柏拉图曾几度前往西西里,试图教育小狄奥尼修斯,并就试图改革腐朽政体所面临的困难向狄翁提出建议,但都失败了。

如果《王制》、《蒂迈欧》和《克里提阿》发生在公元前 407 年的普林特里亚节那一周,那么当时的环境显然十分紧张。人们对政治上和军事上的征服所持有的强烈信念,蒙蔽了雅典即将面临溃败的现实。比雷埃夫斯的克法洛斯一家人中的民主派,即在《王制》中同苏格拉底辩论正义本质的那些人,倾向于他们的客人,[31]即智术师忒拉绪马霍斯(Thrasymachus)所提倡的专制的政治理念。雅典的克里提阿一家的客人,即在《蒂迈欧》中苏格拉底遇到的那些人,则倾向于他们寡头派和智术师派的主人所提倡的政治理念。[①] 而到了最后,所有的政治分歧都被搁置一旁:雅典城万人空巷,大家都跑去海港迎接阿尔喀比亚德;此前对他所做的一切判决全部一笔勾销,并且还赋予了他绝对的权利。他们无视苏

---

① 赫墨克拉底很好地充当了代表克里提阿日益膨胀的野心的一个象征,并暗示了阿尔喀比亚德的"雅典远征之行"很快就会面临失败,同时也是对柏拉图的西西里友人们的一个警告。《蒂迈欧》和《克里提阿》很可能是在狄翁个人的政治野心最为膨胀时写成的。克里提阿的雅典和亚特兰蒂斯之战的故事,与当时叙拉古的政治环境有一定关联,柏拉图将赫墨克拉底作为一个戏剧角色安排在对话中,很可能是想让狄翁和他的朋友们回忆起他们曾亲自参与过的,有关丑恶的西西里政治的讨论。狄翁凭借武力手段而夺得政权,但很快,他便于公元前 353 年被暗杀了。柏拉图之后对狄翁的朋友们所提出的建议,依旧是劝告他们小心谨慎,这个建议被记录在了《书简七》中。

格拉底曾告诉过他们的一切,不论是关于政治、哲学,还是对阿尔喀比亚德危机四伏的爱。他们甚至连鸟占的吉凶都不顾了。普林特里亚节是祭祀女神最古老的节日,在节日期间,城邦女神雅典娜(Athena Polias)的衣物——一个远比帕特农的雅典娜(Athena Parthenos)更加重要的宗教圣像——将按照仪式被运送到爱琴海清洗。在清洗衣物的过程中,这座城邦的保护神的雕像将被蒙上面纱,在这一天里,做任何重要且有风险的事情,都会被认为是不吉利的。①

苏格拉底下往比雷埃夫斯的情节,始于《王制》,终于《蒂迈欧》和《克里提阿》。在普林特里亚节当天,苏格拉底便是女神的替身。柏拉图让苏格拉底一反常态地换上了异常鲜艳的节日服装(《蒂迈欧》20c)。克里提阿礼貌地忽视了他,并讲述了一个他认为适合作为颂词献给女神的故事:一个关于古雅典被淹没的古老故事,并且是在这座城邦最古老的节日之一里说的,[32]这仿佛就像在说城邦女神雅典娜被淹没一样。他说这是一个真实的故事,并且直到从他口中说出来的这一刻为止,这个故事已经被一字不差地(verbatim)流传了上千年了。但这个故事完全是虚构的。它只是为了场合和观众的需要而上演的一出令人眼花缭乱的智术师式修辞表演。它所体现的唯一真实是,克里提阿无法完全将自己的政治野心,隐藏在一层通俗易懂的寓言的薄纱之下。《克里提阿》看似没有写完,但柏拉图其实故意在最为戏剧性的时刻突然收笔。克里提阿的故事从头至尾都运用了修辞术,当他正准备发表渎神的言

---

① 甚至关于该节日的基本特征,也存在分歧和不确定之处。有可能雕像也被运到了海里清洗。参法内尔,《希腊城邦的祭礼》(L. R. Farnell, *The Cults of the Greek States*, Oxford: Clarendon Press, 1896, 1: pp. 261—63);以及赫灵顿,《帕特农的雅典娜与城邦女神雅典娜:伯利克勒斯时期雅典的宗教研究》(C. J. Herington, *Athena Parthenos and Athena Polias: A Study in the Religion of Periclean Athens*, Manchester: Manchester University Press, 1955, pp. 8—12, 28—30)。

论时——宙斯在众神的集会上所准备的精心设计的演讲——突然
传来了阿尔喀比亚德回归的消息,于是他便无心再玩弄才智了。①

　　在清洗城邦女神雅典娜的 *peplos*[长披肩]的过程中,帮她穿
上和脱去(*katakalypsis*, *apokalypsis*)衣物的礼仪,在文学上有一
个与之相似的情节,即在《奥德赛》中,雅典娜最宠爱的英雄奥德修
斯穿衣和脱衣的情节。当奥德修斯来到卡吕普索的奥古吉埃岛
(Ogygia)时,女神给了他新衣裳,并热情地款待了他。七年来,奥
德修斯一直被卡吕普索藏在岛上,与人世隔绝,卡吕普索名字的本
意便是"隐藏"(*kalyptō*),直到雅典娜请求宙斯干预此事,奥德修
斯才最终得以释放(《奥》5)。再后来,当奥德修斯赤身裸体地被海
水冲上斯克里亚岛海岸时,神样的瑙西卡娅给了他新衣裳。他在
费埃克斯人的宫殿上也得到了最为慷慨的礼待,但当德摩多科斯
开始吟唱特洛亚战争的故事时,奥德修斯却用斗篷遮住(*kalypse*,
8.85)了脸,默默哭泣感伤。

　　[33]柏拉图在《王制》和后来的对话中,对《奥德赛》的重新塑
造进一步突显了荷马的诗篇与雅典节日之间的相似之处。在《王
制》中,苏格拉底对城邦和人类思想中正义的讨论,朝着最好的政
体与最高的启示(the highest revelations)发展。有关政治的讨论
依旧受制于美好城邦的种种前提而止步不前,仅涉及到了最好政
体的第一个前提——哲人王的统治——这就好比当一股巨浪将奥

----

①　柏拉图的《蒂迈欧》—《克里提阿》突然作结,这在文学上是有先例的,阿里斯托芬
　　(Aristophanes)的《蛙》(*Frogs*)也是如此,该作品在阿尔喀比亚德回归时,第一次
　　在雅典上演。这部谐剧发生的场景在哈德斯,讲述了一场埃斯库罗斯(Aeschylus)
　　和欧里庇得斯(Euripides)之间的比赛,由酒神狄俄尼索斯(Dionysos)裁判。他们
　　旷日持久的争吵恐怕最终也难分胜负,但狄俄尼索斯最终做出了判定,他通过询问
　　他们对阿尔喀比亚德的看法,从而决定了谁有重获新生的资格(1418—34)。有关
　　《蛙》的最后一幕,与色诺芬记叙的阿尔喀比亚德戏剧性的回归雅典所做的比较,请
　　参格里布尔,《阿尔喀比亚德与雅典:文学表现形式研究》(David Gribble, *Alcibia-
　　des and Athens: A Study in Literary Presentation*, Oxford: Clarendon, 1999, p.
　　118)。

德修斯推向斯克里亚岛时,绝望中的他只抓住了一块巉岩一样(《王制》473c—e;《奥》5.424—437)。相比之下,有关精神方面的讨论却进行得颇为彻底:苏格拉底对"高于实在的善"所做的启发性的解释,被柏拉图用三个意象将其各个方面呈现了出来——太阳,分割线和从洞穴上升——这些意象以如下故事中的插曲为基础,即奥德修斯在斯克里亚岛上岸后,告诉给费埃克斯人的故事。

在《斐德若》。《蒂迈欧》和《克里提阿》中,同样的插曲被以不同的方式加以重新塑造。始于《王制》中的下降,在《蒂迈欧》和《克里提阿》中仍在继续:荷马生动描写奥德修斯对德摩多科斯的歌曲所做的回应,这些描写成为了柏拉图呈现如下二者之间巨大差异的基础,即苏格拉底的爱欲,与蒂迈欧和克里提阿的宇宙论与政治观。构建对话时提到普林特里亚节,一方面是为了强调雅典的军事和政治力量不断削弱的状况即将得到改善,另一方面则是为了突出雅典人完全无视苏格拉底所提供的绝妙选择,他当天身穿节日服装,这其实象征着政治上和精神上的革新。在《斐德若》中,上升得以继续:柏拉图再一次重新塑造了奥德修斯和瑙西卡娅的相遇,以及他在费埃克斯人宫殿上所发生的事,目的是为了对最高的启示进行另一番解释。当苏格拉底同意假装赞扬爱欲的腐败形式时,他蒙住了自己的脸(enkalypsamenos,237a);然而,当他在翻案诗中认错时,他却露出了脸,不再羞愧地遮遮掩掩(oukh … enkek-alymmenos,243b)。苏格拉底最后一次隐藏和启示是在《法义》中,他假扮成了一位雅典异乡人,在这篇对话中,苏格拉底在一座言辞中的城邦里实现了真正的回归,这座城邦摆脱了如下二者的专制束缚(tyrannical bonds),即同时期雅典的政治和美好城邦的军制。[34]《法义》延续了《斐德若》中的上升,正如《克里提阿》延续了《蒂迈欧》中的下降一样。

柏拉图将《奥德赛》中相同的象征和插曲重复地进行重新塑造,这不仅为我们理解对话之间文学的和实质的联系提供了向导,还将荷马错综复杂的诗歌意象阐释清楚了。奥德修斯漂泊与回归的故事并不是众多丰富多彩的插曲的集合;而是一个经过巧妙构思而成的故事,其中发生的每一件事,在记叙奥德修斯灵魂的发展和他转变的政治意义的过程中,都有其存在的意义。然而,每段插曲也不仅仅是美学设计的一个部分,较为重要的插曲可被视为整体的缩影。以费埃克斯人为例:他们的城邦拥有"最好的政体",在荷马布局紧凑的故事中,这是奥德修斯拜访的重要一站,该故事是关于他在精神的和政治的极端上所接受的教育,并以伊塔卡的正义得以恢复而告终;然而,费埃克斯人同时本身也是一个社会,在这个社会里,所有的极端都被呈现出来,并相互冲突。因此,柏拉图重新塑造和描写《奥德赛》的内容,从某种程度上,可以看作是对荷马紧密而由多重因素决定的象征的几个方面所作的区分。

从更大的角度来看,《奥德赛》中库克洛普斯人的野蛮社会,与费埃克斯人的敬神(godly)社会,是人类社会所追求的两个极端。[①] 在史诗情节的缩影中,这两个极端被放在一起加以体现。传说费埃克斯人曾居住在库克洛普斯人的附近,但由于他们的这位邻居实在叫人忍无可忍,所以后来才搬迁到了斯克里亚岛(6.4—6)。王室成员——国王阿尔基诺奥斯(Alcinous),王后阿瑞塔(Arete)和他们的孩子们——是费埃克斯人中最似神(god-like)的人。然而,最糟糕的费埃克斯人也跟库克洛普斯人一样无礼(6.262—284);[35]并且这种无礼的性情甚至出现在了统治家族的谱系中,最明显的就是阿尔基诺奥斯最喜爱的儿子拉俄达马斯(Laodamas;6.7—12,7.48—77)。当奥德修斯在宫殿上接受招

---

① 这两个极端社会和伊塔卡的人类社会之间究竟是什么关系,奥德修斯曾反复而明确地提出过这一问题——"天哪,我如今到了什么样人的国土?这里的居民是强横野蛮,不明正义,还是热情好客,心中虔诚敬神明?"——这些话分别出现在如下场景中,即他第一次与库克洛普斯人相遇,第一次与费埃克斯人相遇和最终奇迹般地重返故乡(《奥》6.119—121,9.174—176,13.200—202)。

待时,他坐在了国王旁边的拉俄达马斯的座位上;同时国王还希望将公主瑙西卡娅许配给他(7. 167—171, 311—314)。拉俄达马斯和他的朋友厄律亚洛斯(Euryalos)是"嗜杀成性的阿瑞斯般的"人,他们在公共场合侮辱奥德修斯,并挑衅他让他参加比赛(8. 115—117, 132—164)。与之相反的是,瑙西卡娅却意识到了他的价值,并希望他能够成为自己的丈夫(6. 239—246)。因此,费埃克斯人便徘徊在好战的野蛮性和爱欲的崇高性之间,但后者占主要地位。存在于他们的爱之中的人性张力(human tension),同样也出现在他们所喜爱的歌曲中。德摩多科斯既歌唱了特洛亚残酷的战争,又歌唱了阿瑞斯和阿芙洛狄忒之间的情事。并且同样也是后者占主要地位:关于特洛亚战争,阿尔基诺奥斯将其描述得十分诗意,他说,神灵之所以使人类部族灭亡,是为了"成为后世歌唱的题材"(8. 579—580)。

荷马将最好的费埃克斯人的灵魂中最强烈的愿望(aspirations)之间的冲突,体现为统治家族谱系中的两极分化。柏拉图对该意象肯定深有共鸣。他的家族在很久以前拥有高贵的谱系,但从梭伦那一代开始便出现了分裂:如今,克里提阿便与柏拉图形成了对抗,这可以看成是智术师与哲学家的对抗,喜爱阿尔喀比亚德与喜爱苏格拉底之间的对抗,以及僭主与正义之士的对抗。在对话中,柏拉图呈现了这种对抗对其直系亲属所造成的影响。柏拉图的叔父,年轻有为的卡尔米德(Charmides)就深受克里提阿的影响:《卡尔米德》(Charmides)便讲述了他如何转而抗拒接受苏格拉底德行的影响。最终在三十僭主垮台时,他与克里提阿一同被害。柏拉图的两个兄弟,格劳孔和阿德曼托斯是《王制》中苏格拉底主要的对话者:尽管他们发现,忒拉绪马霍斯的智术对正义的专制理解让人颇为反感,但就以格劳孔为例,他追求荣誉和渴求胜利的心理不断膨胀,最后演变成了政治理想主义的一种形式,这便使他难以听从苏格拉底的劝告(参色诺芬《回忆苏格拉底》3. 6)。

处于对抗之中的还有爱人们。柏拉图的情伴(beloved),[36]即叙拉古的狄翁,便是赫墨克拉底家系分支中的一员。赫墨克拉底去世后——修昔底德称其为西西里的伯利克勒斯(Pericles)——他的祖国处于两极分化的格局,一边是狄奥尼修斯的僭政,另一边则是狄翁的哲学性情。此外还有克里提阿的情伴阿尔喀比亚德,他曾由伯利克勒斯亲自教管,旨在将其培养成为统治者:在《会饮》中,柏拉图将他从克里提阿身边偷走,并让他成为了苏格拉底的爱人(lover)。阿尔喀比亚德承认,他的灵魂在对权力的爱和对苏格拉底的爱之间痛苦地抉择着(《会饮》215e—216c;参《高尔吉亚》481c—482c)。然而,当苏格拉底不在时,这种内心的动乱会相对缓和一些,人们对他的喜爱更能使他感到满足。在公元前407年这个多事之秋的普林特里亚节期间,阿尔喀比亚德没有找到苏格拉底。去迎接他回家的是克里提阿。

《王制》一开始便要求读者认出(recognize)苏格拉底,正如苏格拉底那位沉默的听众,和那些与他探讨正义的本质和未能做到的善(the good failed to do)的人一样。《蒂迈欧》的开场也对读者提出了同样的要求。他在普林特里亚节那天所穿的节日服装到底有什么样的意义?他对前一天的讨论所做的总结究竟略过了哪些内容?为什么在提到某些事情的时候他不愿把话说明白?而当他的主人克里提阿表面上试图用他的故事和他的暂住客人蒂迈欧的讲辞来回敬他时,苏格拉底又必定在想些什么?克里提阿没有认出苏格拉底,而蒂迈欧也远未达到自己设定的目标;然而,柏拉图对他们的失败所做的诗意描写,为我们了解认识苏格拉底的本质和结果提供了一个清晰的向导。《王制》的第一个字就是柏拉图对荷马修辞所进行的重新塑造,这便将听众和读者置于倾听奥德修斯叙述旅途故事的佩涅罗佩的地位。而她那持久不变的爱,使她能够认出他并理解他。柏拉图用来重新塑造《蒂迈欧》和《克里提阿》的框架故事的荷马的修辞,则将读者置于费埃克斯人的宫廷上。克里提阿对苏格拉底的回应,就好比拉俄达马斯对奥德修斯的回应一样;他因为位置被取代而心怀不满,并将憎恶之情通过轻蔑无礼的举止表现了出来。蒂迈欧与德摩多科斯唱得一样好,[37]但柏拉图的苏格拉底就好像荷马的奥德修斯一样,讲述了一个好得多的故事。读者看待苏格拉底的方式,应与阿瑞塔,阿尔基诺奥斯和瑙西卡娅看待奥德修斯的方式一样。

当奥德修斯第一次出现在费埃克斯人的宫廷上时,他身穿王后阿瑞塔亲自缝制的华美的服饰。奥德修斯最终上岸的地方在一条溪流附近,瑙西卡娅当时就在这条溪水旁清洗她兄弟华丽的衣服,奥德修斯突如其来的恳求令她惊讶不已,她给了他衬衣和外袍遮蔽身体。阿瑞塔一眼就认出了他的衣服,但她却十分谨慎,一直等到只有她和国王单独与奥德修斯在一起时方才开口。她问这位神样的外乡人:"你是何人何部族? 来自何方? 谁给你这些衣衫?"(《奥》7.237—239)。当时的境况相当富有暗示性(suggestive),并且这几个问题需要分别作答。在奥德修斯讲述他逃离卡吕普索的故事时,他既将自己是如何得到这身衣服的事解释清楚了,又没有说出任何损害瑙西卡娅的德性和名誉的话。然而,他却并未表露自己的身份。直到阿尔基诺奥斯认出了他——在倾听德摩多科斯吟唱特洛亚沦陷的歌曲时,他不禁潸然泪下,这便透露了这位外乡人的真实身份——他才向费埃克斯人说出了自己的名字(7.521—8.21)。

在《蒂迈欧》和《克里提阿》中,苏格拉底对于他的主人和其他客人来说,似乎并不是个神样的外乡人。不过大家确实对他太熟悉了——一个朴素而不起眼的人。他的主人也实在没必要再去追问他是谁。苏格拉底偶尔会在对话中表露自己的身份,但他表露的对象,通常不会是那些没有问他的人。在《高尔吉亚》中——这篇对话的一个观点是,哲学应以询问某人是谁为开始(447c)——柏拉图让苏格拉底出乎意料地向一个不情愿的听者宣告,他是雅典人中唯一一个真正的治邦者(521d),这句宣告所富有的戏剧性和重要性,与奥德修斯揭示自己的身份时是一样的。然而,在《蒂迈欧》中,苏格拉底却发现没必要与记性差又不坦率的人那样开诚布公地交谈。在他们聚会的当天,一开始本来十分愉快,而且彼此之间还有承诺,然而,在他们回忆前一天的谈话内容时,尽管苏格拉底对他们分别给予了一些提示,但他们却没有把他的话题接下去,于是苏格拉底便陷入了礼貌的沉默。这些人是不会帮助他的。克里提阿帮助了另一个他认为如神祇一般,[38]并有回归需要的人:阿尔喀比亚德。苏格拉底对他而言则显得微不足道。①

在奥德修斯对阿瑞塔的问题所做的回答中,他强调了自己出逃的艰辛,并且只提到了一些次级神灵(lesser divinities)的名字,如卡吕普索和波塞冬,这两人对他的归途施加了百般阻挠,让他受尽了磨难。但对于高级神灵(higher divinities)所给予的帮助,他却几乎只字未提。例如宙斯曾下达旨意逼迫卡吕普索将他释放,又如在他不堪一击的木筏被波塞冬的两股巨浪砸得粉碎时,琉科忒亚(Leucothea)的头巾解救了他,令他鼓起勇气挺过了海浪的侵袭,以及宙斯让水流平缓下来,好让虚弱的奥德修斯成功着岸。在他的讲述中,他给人的印象似乎是孤立无援的。当他在叙述自己是如何恳求瑙西卡娅的时候,也丝毫没有提及自己的优雅风度——一个受神祇青睐的显著标志——正是这一点吸引住了瑙西卡娅,并使她打消了对他外表粗野的第一印象。他们的相遇似乎不掺杂任何爱欲的成分。瑙西卡娅的清白没有受到损害,她帮助可怜的乞援者的行为也无可指摘。然而,这个故事在阿尔基诺奥

---

① 根据色诺芬在《回忆苏格拉底》中的记载(1.2.24—39),克里提阿与阿尔喀比亚德是雅典人中最有野心的两个人,他们在年轻的时候,经常去找苏格拉底,但并不是出于对苏格拉底的品行或生活方式的欣赏,而是因为他们认为可以向他学习有说服力的演说技巧(techniques of persuasive speech)。一旦他们认为自己已有能力参与政治,便不再与苏格拉底为伴。

斯看来,却并非没有产生爱欲的可能性:他公开表示,希望这位外乡人能够娶他唯一的女儿为妻。

在《蒂迈欧》的开头,柏拉图将奥德修斯分别做出的回答,重新塑造成苏格拉底对《王制》中前一天的叙述所做的零散的(odd)总结。尽管蒂迈欧和克里提阿都准备背诵那些故事,但这显然需要过人的记忆技巧,蒂迈欧承认,他没有将苏格拉底昨天才说过的内容记得十分清楚(17b),而克里提阿的沉默,也同样表明他并没有留意苏格拉底所说的话,这一点也可以从他讲述的故事中体现出来。在重述讨论中的"主要观点"(*kephalaion*,17c)时,苏格拉底还为了迎合他的听众而做了稍许调整。他在总结中强调了暗示性意象(suggestive imagery)的字面意义,这些意象都是他和他的交谈者们在讨论中使用过的。[39]他们的讨论还远未到最重要的部分就结束了:对哲人王的需求,他们在最高的事物中的教育,以及他们统治的本质(nature)。换句话说,在讨论到涉及美好城邦的第二个浪头时,便突然结束了,至于第三个浪头及其结果则完全没有提及。①正如奥德修斯着重强调他前往斯克里亚岛的途中所遇到的阻碍一样,苏格拉底也强调了美好城邦的一些特征,正是这些特征使得讨论无法对正义的本质和对人类与城邦的善形成充分的理解。蒂迈欧、克里提阿和赫墨克拉底为自己已经足够了解哲学和政治学而感到满足。对于他们而言,讨论 *kallipolis*(美好城邦)的字面含义,就是一张由有识之士统治的驻防城邦的蓝图,并且尽管苏格拉底也许就这一点还做了一些论述,但他们却认为,他所说的话对于他们就这些主题不得不发表的言论而言,已足够作为一篇序言了。

苏格拉底对他们所遗忘的内容给予了提示,但他们却没有把他

---

① 对观伯纳德特,《论柏拉图的〈蒂迈欧〉与蒂迈欧的科学幻想》,见于《解释》(Seth Benardete, "On Plato's *Timaeus* and *Timaeus*' Science Fiction", *Interpretation* 2:1, 1971, p. 22)。

的话接下去。他提到了"好"(the good)的后代(19a),指的就是政体中最佳阶层的小孩,但同时也是在暗示作为"好本身"(the good it-self)的后代的太阳的意象,有关严格意义上的哲学的探讨就是由此开始的(《王制》508b)。然而却没有人回应他。于是他便明确地问他的主人们,是否有重要观点遗漏了。蒂迈欧回答到,他的总结非常准确,没有遗漏(19b)。① 于是,苏格拉底也就由它去了。《王制》中的讨论十分活跃,并且远远突破了他们最初对政治正义的有限理解,[40]但今日他的主人们却仅对美好城邦的静态特征做了回顾。如果这番总结不能使他们想起激励着谈话继续的哲学式爱欲,那么就让他们自己想办法去唤醒他们的回忆吧。于是他建议以美好城邦为例,通过他们显然最感兴趣的方式来使之运动起来:描述它参战时的情形(19b—20c)。克里提阿和赫墨克拉底很快就同意了。

蒂迈欧本该是帮助苏格拉底的那个人,但他却也并不完全赞同苏格拉底昨日所说的内容。格劳孔曾表示不认可苏格拉底关于爱欲的迷狂的最高想象(the highest flights),并将他对"高于实在"(*epekeina tēs ousias*)的善的论述,视作荒谬的"着魔的夸张"(dai-monic hyperbole;《王制》509b—c;参 533a);与格劳孔一样,蒂迈欧也就哲学探询的本质向苏格拉底提出了建议:他号称自己的讲辞是关于最高事物的最好的"恰当的故事"(*eikota mython*),并且他还指责苏格拉底说"没必要探究比这更多了"(*mēden eti pera zētein*,《蒂

---

① 有关《蒂迈欧》中的总结与《王制》之间关系的问题,学者们已经争论过一段时间了。布里认为,这番总结将《王制》中"政治部分"的所有要点全部重述出来了:参《十二卷版柏拉图文集》,卷九,对《蒂迈欧》17c 的注释(R. G. Bury, *Plato in Twelve Volumes*, vol. 9, note to *Timaeus* 17c, Cambridge: Harvard University Press, 1929)。康福德所持的观点则完全相反:"事实上,《王制》中没有哪个部分可以说它'所有主要的观点'都包含在了……总结中。"因此,他的结论是,《蒂迈欧》根本没打算涉及《王制》中的内容,参《柏拉图的宇宙论》(*Plato's Cosmology* [1937, re-print, Indianapolis: Bobbs-Merrill, 1975], p. 11)。尽管双方各执一词,但两种观点都顺应了一种传统,即试图通过《蒂迈欧》中的"柏拉图主义"来理解《王制》中的"柏拉图主义"。

迈欧》29d）。在蒂迈欧看来,苏格拉底昨日所说的故事,即他声称的勇士厄尔的故事（*a pologon*,《王制》614b）简直是胡说八道。对亡灵的审判,上升越过诸天和穿过地面下降,灵魂在重生前选择新生活,围绕宇宙之轴旋转的天体音乐,以及无处不在的各种神灵——都只不过是着魔的夸张(daimonic excess)。蒂迈欧将按照事物本来的样子来描述:物理学,而非寓言故事。① 当他说自己的讲辞仅仅是一个"恰当的故事"时,他明显撇了撇嘴。但倘若他理解苏格拉底挖苦的回应中的反语,他是笑不出来的。苏格拉底赞扬了蒂迈欧演讲的"序曲",并鼓励他紧接着进入"主题曲"(《蒂迈欧》29d),因为他已经知道,蒂迈欧既没有理解也不会去回忆他昨天所叙述的内容,即真正的哲学家应该接受三方面教育:预备性研究,或"序曲";辩证法研究,[41]或"歌曲本身"(《王制》531d);以及最终看见善本身,并利用它来整治他们的生活和他们的城邦(540a—b)。② 这是苏格拉底在《克里提阿》的开场中最后一次礼貌地发言(108b),还有一次除外。在轮到蒂迈欧和克里提阿讲述他们的故事时,苏格拉底也许对那第四个人的缺席曾感到过些许惋惜,这不是没有可能的,因为他曾十分高兴地向那个人叙述了《王制》的全部内容。

费埃克斯人十分擅长体育竞技和舞蹈。他们遵循宙斯立下的传统,为欢迎奥德修斯而举行了庆祝活动,这些活动体现了他们性格的两个方面:一方面是他们对战争必备技巧的掌握,如拳击、角力和奔跑,另一方面则是更适合于和平时期的技艺,这体现在他们美妙绝伦的舞蹈上。这一切都为德摩多科斯演唱战神阿瑞斯和爱

---

① 尽管康福德说到,"与厄尔的神话不同,《蒂迈欧》没有提及任何有关诸天的音乐的内容",但比起他煞费苦心想要去纠正的其他学者们来说,他其实并不比他们更了解柏拉图对话中"神话"与"科学"之间的区别(《柏拉图的宇宙论》,页 79,28—32)。

② 有关苏格拉底与蒂迈欧的哲学观念之间的差异,请参海门威,《作为亚特兰蒂斯神话序言的蒂迈欧的演说:物理学与政治哲学》(Scott R. Hemmenway, "Timaeus' Speech As Prologue to the Myth of Atlantis: Physics and Political Philosophy"),该论文曾提交于旧金山举行的美国政治科学协会 1996 年年会。

神阿芙洛狄忒之间的情事营造了完美的氛围。

德摩多科斯的演唱十分精彩,并且这是他最神圣的一首歌曲,它的美远远超过了特洛亚沦陷的故事。然而,在荷马笔下奥德修斯漂泊与回归的超验史诗(transcending epic)中,德摩多科斯只是一个次要角色。荷马的演唱还要更加精彩。阿瑞斯和阿芙洛狄忒的故事蕴含了深刻的宇宙论和哲学意义。德摩多科斯的诗歌运用了奥林波斯众神(the Olympians)以及他们彼此关系的意象来表达他的意义。相比之下,荷马的诗歌更加微妙。他也描写了奥林波斯众神,但更重要的是,他还涉及到了人类与神灵之间的关系,以及通过何种途径人类才能变得神圣。他的早期诗歌中紧密而由多重因素决定的象征,被纳入了《奥德赛》的史诗意象中,并被加以区分。荷马将德摩多科斯的歌曲(8.266—366)安排在对费埃克斯人鼓舞人心的舞蹈的描述中(8.256—265,367—384),[42]并由荷马本人充当叙事者:舞者们一跃而起,仿佛跳入了天空中去抓住从云间落下的球,奥德修斯看到这一切,不禁对他们充满了敬畏和尊敬(sebas,8.384)。而这一幕其实暗示着宇宙的秩序,舞者们配合着韵律与和谐的上升,以及沉思的本质:短短几行文字就足以说明,荷马诗歌中的象征何以超越古代的歌曲。但这还只是冰山一角。德摩多科斯歌曲的框架,被包含在了神圣的费埃克斯人的故事中;费埃克斯人中这个讲故事的人,被叙述自己旅途经历的奥德修斯所超越;而费埃克斯人的故事,本身也仅仅只是荷马的奥德修斯之歌中的一段插曲而已。①

---

① 在僭主克里提阿尚存的作品残篇中,有一段吸引人的关于柏拉图创作《蒂迈欧》与《克里提阿》时的环境描写。据说克里提阿对荷马为德摩多科斯第二支歌曲所构思的框架故事进行了评论。费埃克斯人的舞蹈似乎让他们联想到了一种与之类似的斯巴达舞蹈:"舞者跳入高空中,在落回地面之前,双脚反复交替。他们将其称之为'跳同舞'(doing the tong-dance;迪尔斯-克兰茨[Diels-Kranz]88B36)。倘若这既不是对《奥德赛》进行的简单化的评论,又不能证明他将诗歌解释得多么好,那么它一定是对如下事件的佐证,即克里提阿对斯巴达政体及其文化之美的高估是臭名远扬的"。

　　柏拉图重新塑造了德摩多科斯的阿瑞斯和阿芙洛狄忒之歌，用以呈现蒂迈欧的毕达哥拉斯宇宙论。蒂迈欧是柏拉图笔下苏格拉底生与死的故事中的一个人物，正如德摩多科斯是《奥德赛》中的一个人物一样。奥德修斯若有所思地倾听着德摩多科斯的歌曲，但他也取代了诗人的位置，讲述了一个更好的故事。德摩多科斯的诗歌中的意象既富有音律美，又十分优雅。奥德修斯说话时语气平淡，故事也很长；并且他对神灵的描述也十分粗略；但他的旅行故事却完全将费埃克斯人吸引住了。类似地，苏格拉底也耐心地听蒂迈欧讲述，但柏拉图却让他在其他对话中，就同样的事情给出了不同的看法。蒂迈欧以科学的严谨之态来谈论宇宙。苏格拉底倒似乎显得不那么老练（sophistication）。在《会饮》中，阿尔喀比亚德说到，苏格拉底的言辞既荒诞又粗俗，他经常提到"驮货物的驴子、铁匠、鞋匠"等等；[43]可一旦你恰当地理解了这些词语的含义，它们将会变得十分神圣，以至于那些觉得他讨厌的人，最后反而成了被耻笑的对象（221e—222a）。尽管苏格拉底的宇宙论是通过朴素的（rustic）萨满教意象来表达的，但它却比蒂迈欧的物理学更接近真实。《奥德赛》的读者可通过了解文本的创作，来理解诗人描写诗人的意义。因此同样的，《蒂迈欧》和《克里提阿》的读者也可以通过了解对话的文学特征，来理解柏拉图呈现毕达哥拉斯哲学的哲学意义。《蒂迈欧》和《克里提阿》的框架故事，引导着人们去思考如下论述的基础，即蒂迈欧对德摩多科斯的歌曲所暗示的宇宙论进行的论述；而就隐含在对比中的毕达哥拉斯主义的局限性来看，苏格拉底戏剧性的沉默的意义，则进一步引导着人们去思考《斐德若》中的爱欲，以及《王制》与《法义》中有关哲学的论述。

　　在德摩多科斯的歌曲中，赫菲斯托斯（Hephaestus）的妻子阿芙洛狄忒和阿瑞斯有通奸行为。婚姻的契约捆绑，远不如她和情人之间爱欲的捆绑牢固。当赫菲斯托斯得知他俩在他床上偷欢的事之后,他便着手准备设计一个圈套(*dolos*,8.276)来诱捕这两人。赫菲斯托斯以精湛的技艺(*klutotechnes*,8.286)著称,他制作了一张奇异非凡的网,既可让神灵看不见,又结实到不论他们怎样努力都无法挣脱。随后他将这张网像蜘蛛网一样布置在了床的四周,然后便佯装出远门去了。果然,热烈的拥抱使这两个情人完全被这张网缠住了,他们已无法逃脱被发现的命运。赫菲斯托斯的诡计所制造出的捆绑,比这两位神灵之间爱欲的捆绑还要牢固;他的技艺(*techne*)模仿了孕育众神灵的宇宙的秩序,并且甚至似乎已经可以掌控它了。赫菲斯托斯在盛怒之下召唤所有的神灵都来见证这场奸情:"父亲宙斯和其他永生常乐的众神明,你们快来看可笑而不可忍受的事情(*erga gelasta*)"(8.306—307)。于是神明们应声而来——只有羞于前来的女神们除外。众神纷纷哄笑不止——只有嗜杀的阿瑞斯的朋友波塞冬笑不出来。然而,最让他们觉得可笑的事情却并不那么显而易见。究竟他们发笑是因为两个情人之间的爱欲,居然敌不过赫菲斯托斯的技艺而陷入窘境?[44]还是因为众神中速度最快的阿瑞斯竟然败给了跛足的赫菲斯托斯而蒙羞?或是因为看见赫菲斯托斯激愤到就算被人嘲笑戴绿帽也不觉得羞耻?抑或因为这个圈套太机敏了吗?还是因为赫菲斯托斯企图用卑鄙的技艺来掌控事物的秩序,并妄想利用契约的礼节来控制宙斯的意愿,而宙斯对他的要求根本不予理会?阿波罗(Apollo)问赫耳墨斯(Hermes)——宙斯的信使,同时也是一位以创造力著称的神祇——是否愿意和阿芙洛狄忒一同身陷罗网。赫耳墨斯回答说他不仅愿意,并且就算是三倍于如此的束缚,他也能忍受,听完他的回答,宙斯与众神都大笑不止,以表示对他的赞同(8.334—343)。相比之下,阿瑞斯和阿芙洛狄忒的心情可不好受。当罗网终于松开时,他们飞快地分头跑开了(8.359—363)。在歌曲的结尾,德摩多科斯赞美了阿芙洛狄忒惊人的美丽,奥德修斯和费埃克斯人听了都十分欢喜(8.364—369)。

《奥德赛》的创作与《蒂迈欧》的创作之间相隔了数个世纪,在这期间必定出现了不少关于这首迷人歌曲的评论。但它们都没有被保留下来。唯一流传下来的相对可靠的资料只有恩培多克勒(Empedocles)的作品残篇——他也许是一个毕达格拉斯主义者,同时也可能是巴门尼德(Parmenides)的朋友(DK 31A7)——他写道,爱(*philotes*)与冲突(*neikos*)是宇宙中的两股支配力量。他的诗作《论自然》在一开始便讲述了一个"双重故事"(double tale),即万事万物通过爱而不断地聚集在一起,又通过冲突使原本聚在一起的事物不断地划分和散开(DK 31B17)。恩培多克勒的宇宙论灵感,显然来自于德摩多科斯的歌曲,并且很可能不是直接通过阅读《奥德赛》而得来的,但是有关他写作时的解释传统的特征,在很大程度上也只是一种猜测。①

[45]若要了解前苏格拉底时期哲学家们的作品,最早最全面的资料莫过于柏拉图对话。特别是《蒂迈欧》,这部作品对于理解毕达哥拉斯学派必不可少。然而,柏拉图却是在批判的语境中呈现他们的学说的。几乎可以肯定的是,蒂迈欧完全是柏拉图创造出来的一个人物:他除了在这篇对话中出现过以外,在这类通常与其他前苏格拉底时期哲学家们有关的对话中,则找不到任何能够单独证明他存在过的证据。毫无疑问,蒂迈欧论述的细节,都是柏拉图从毕达哥拉斯的论文中找来的,而柏拉图让蒂迈欧用来呈现它们的文学形式——对德摩多科斯歌曲的重新塑造——与一种解

① 恩培多克勒的灵感有可能来自于锡罗斯的斐瑞居德斯(Pherecydes of Syros)的作品,此人与毕达哥拉斯是同年代的人。拉尔修(Diogenes Laertius)说,斐瑞居德斯据说是第一个对自然与神灵进行描写的人,他在自己一部作品的开头这样写道:"宙斯(Zas)与时间(Chronos)永恒存在,还有大地(Chthonie);大地又叫 Ge,因为宙斯曾将泥土(Ge)作为礼物赠送给她"(《名哲言行录》,*Lives of the Eminent Philosophers* 1:116, p. 119)。斐瑞居德斯对神话的猜测,介于荷马的诗歌象征与恩培多克勒更富理性的诗歌之间。然而,斐瑞居德斯却从未在柏拉图对话中被明确提及(参《智术师》242c—d)。

释传统相一致，恩培多克勒的宇宙论便是该解释传统的一个例子，但对于柏拉图来说，这样做的目的是为了向读者展现毕达哥拉斯学说的不足。蒂迈欧的宇宙中没有爱欲。它的各个部分也许都呈现出来并被加以解释，但它却不是一个整体；它并不因爱欲而统一和运动，它没有生命。蒂迈欧的宇宙论不要说远不如苏格拉底在《斐德若》翻案诗中的讲辞，就是与恩培多克勒诗歌中的宇宙论相比起来，也同样显得苍白而无生命力。①

在蒂迈欧的故事中，宇宙或"整全"（*pan*，29e）由灵魂（*psyche*）和肉身（*soma*）通过"中心与中心"相结合而组成（36d—e）。由一位神圣的"工匠"（*demiourgos*），即复制原型的"技术师"（*tektainomenos*，28c）来使它们结合，他原本无法成功地将它们捆绑在一起，直到他想出了赋予它们"空间"（*khora*，48e—49a，52a—b）的办法。神匠并非第一个"制作者和宇宙之父"（*poieten kai patera*，28c），但他确信自己的技艺充分模仿了宇宙之父的技艺。因此，德摩多科斯的故事痕迹便清楚无误了：阿芙洛狄忒和阿瑞斯就是灵魂和肉身，赫菲斯托斯就是神匠，[46]而宙斯则是万物之父；赫菲斯托斯用来捆绑两个情人的网，便是神匠的"空间"——即使神灵也看不见，同时又结实无比，如果它有形的话（if it is anything），那么它一定是一张由无数线条编织而成的精细至极的网。那么阿芙洛狄忒与阿瑞斯寻欢的床或长榻（*lekhos*，8.269；*demnia*，8.282）又是什么呢？这在《蒂迈欧》中没有被重新塑造。然而，卧榻（*kline*）的修辞却富有谐剧效果地出现在了《王制》的结尾（596a 以下）。因此，它不在《蒂迈欧》中出现的理由也就再明显不过了。蒂迈欧的宇宙论是对阿芙洛狄忒和阿瑞斯的故事的重新塑造，但它

---

① 关于荷马，恩培多克勒和柏拉图之间的连续性，有学者持不同观点，参柯克与雷文，《前苏格拉底时期的哲学家》（G. S. Kirk and J. E. Raven, *The Presocratic Philosophers*, Cambridge: Cambridge University Press, 1975, pp. 360—61）。

的讲述者似乎是赫菲斯托斯；而对于赫菲斯托斯而言，网显然比床要有趣得多。

德摩多科斯的故事使赫菲斯托斯受人嘲笑。而蒂迈欧的故事却讲述的是他反抗的胜利。神匠的技艺掌握了宇宙中统一和破坏的力量，儿子战胜了父亲，并迫使父亲听从自己的意愿，同一切礼教完全背道而驰。在德摩多科斯的叙述中，宙斯的统治权既没有也不可能被赫菲斯托斯的诡计推翻。工匠对正义的狭隘理解受到了众神的嘲笑。在蒂迈欧的复述中，一切超验的事物均从神匠的世界观出发来加以看待和重新定义。赫菲斯托斯已竭尽全力模仿他父亲的制作（making）方式，可一旦将他"可笑的事情"（8.306—307）同其无法容纳的富有爱欲的世界做一对比，我们也就不难看出他究竟失败到什么程度了。相比之下，蒂迈欧的神匠却对自己的技艺感到自豪无比，自我膨胀到了自以为没有什么事物能够将其超越的地步。蒂迈欧说到，神匠在工作时，有好几个模型或范式可供选择。尽管他的选择显然应该由模型的固有属性来决定，但他却号称，产生的结果才是区别它们的唯一途径：如果工匠的产物是美的，那就表明他选择了对的模型。因此，唯一真正的"好"便是他的技艺（29a）。他也许会说，他在工作时是朝着永恒不变的"实在"（being）看齐的，但他却没有将高于实在的善作为他的标准。在德摩多科斯的故事中，赫菲斯托斯在盛怒之下，召唤宙斯和众神前来见证他所遭受的不公，并替他主持公道。在《蒂迈欧》中，这一修辞被重新塑造成神匠对宇宙众神所发表的一番讲辞，[47]他大言不惭地自称是"创造者和宇宙之父"（ego demiourgos pater，41a），但他的鲁莽却并未能完全掩饰住内心的胆怯，他首先还是企图通过以下方式来抑制住自己的胆怯，即讽刺地将所有其他的男神创造者和女神创造者（creator gods and goddesses）——乌拉诺斯（Ouranos）和盖娅，克罗诺斯和瑞亚（Rhea），宙斯和赫拉（Hera）——蔑称为虚构的人物（40d—41a）。

柏拉图并不否认毕达哥拉斯的哲学富有洞察力。然而之所以将它呈现出来,是为了揭示其标志性的(defining)局限性。它没有爱欲,或者更准确地说,它的爱欲已腐坏,需要净化。倘若它不能意识到,爱欲存在于宇宙中以及人类与神灵的关系中的话,那么它洞察事物的能力就会变得狂妄自大,并将不可避免地由自然科学的理智主义(intellectualism)下降为智术。① 对于柏拉图而言,恩培多克勒的宇宙论诗歌是相对较好的哲学。 冲突(*neikos*)和爱(*philotes*)的"双重故事"既讲述了划分(*diairesis*)和综合(*synagoge*)的关系,这一关系对于朝向理解发展的辩证的上升而言必不可少,又阐明了灵魂和超验之间的恰当关系。在毕达哥拉斯学派的失败之处,恩培多克勒对如下二者进行了解释,即整全的秩序,以及我们与宇宙中和宇宙外的事物之间的关系中所存在的爱欲。

蒂迈欧的技艺是划分,但由于不愿被人发现自己是个跛足的哲学家,他便胡乱拼凑出了一种综合的技巧。划分所具有的能力似乎十分诱人,这不难理解。通过利用一对相互排斥的种类,以此来对界定我们存在界限的无形的"整全"进行划分,我们便可以说服自己,我们已经找到了强有力的理由,并且道理也十分清楚。任何此类的划分都能够说明一些问题,但"整全"却通常远不止如此,[48]而且这种方法往往抓不住它。那些坚持用划分(diaeresis)的方法来使现实固定不动的人,通常都被迫放弃了;还有些人甚至改变了自己原来的看法,并声称除了无休止的流变和变化之外,别无

---

① 布拉格(Rémi Brague)认为,柏拉图在创作蒂迈欧的讲辞时,是按照从头部到生殖器的人体模式来对其各部分进行安排的,参《演说的身体:对蒂迈欧独白的创作结构的新假说》,见于《柏拉图研究》,奥米编("The Body of the Speech: A New Hypothesis on the Compositional Structure of Timaeus' Monologue,"in *Platonic Investigations*, ed. D. J. O'Meara, Washington, D. C.: Catholic University of America Press, 1985, pp. 53—83)。这样安排的目的,是为了体现毕达哥拉斯主义对智术学派理念的倾向,即"人乃万物之尺度",该观点是由普罗塔戈拉(Protagoras)明确提出的(*DK* 80B1)。

他物。然而,除开这种模棱两可的顺从态度之外,有两种坚持分音符的方式十分普遍。第一种是用大量次要的划分对初次的划分进行补充,如此便使人误以为该方法不仅全面,并且它所包含的知识也十分可靠,仿佛它已达到极致。第二种是承认需要一个统一的"第三方术语"(third term)来修补初次划分的缺陷。蒂迈欧将这两种方法都运用了起来,如此便可给人制造一种他既擅长综合又擅长划分的印象。

通过"第一次划分"(*proton diaireteon*),蒂迈欧将存在(*ousia*)与生成(*genesis*)区别开来,从而使彼此互不相干。在这种二分法的缺陷暴露出来之前,第一次划分又立马被加上了其他几种划分:永恒与暂时的对立,不变与变化的对立,理智或理性与观点或信仰的对立,理智与感觉的对立,以及不可感知与可感知的对立(27d—28a)。每种划分都进一步体现了蒂迈欧最初的认识,并且当它们被联系在一起时,便会形成一张能够捕获到现实秩序的分析性网络。然而,蒂迈欧的方法却并未将现实阐释清楚,它仅仅只是让现实的各个方面具体化了而已。① 此外,没有哪种划分必然等同于另一种划分,这一点任何一个有常识的人都能看得出来;然而,它们之间形式的相似性却愚弄了无数学者,使他们认为它们可被有条理地组合起来形成一门学说,此外,他们通过咒念"柏拉图主义"之名而召唤出的幽灵,也一直萦绕着哲学的历史长达数个世纪。其部分责任应归咎于蒂迈欧陈述中的修辞术。他急于将所有分音符合为一体——但他仍未解释清楚,[49]神匠在制造宇宙的

---

① 有关利用"粗糙的二分法"进行推理论证的危害,还有学者对此进行了类似的批评,参费耶阿本德著,《征服丰富性:抽象与存在丰富性之间的斗争故事》,特波斯特拉编(Paul Feyerabend, *Conquest of Abundance : A Tale of Abstraction versus the Richness of Being*, ed. B. Terpstra, Chicago: University of Chicago Press, 1999。中文本参戴建平译,北京:中国人民大学出版社,2007 年),以下两章节的内容尤为突出,即对未完成手稿的介绍,与《普遍性作为僭主和中介者》("Universals As Tyrants and As Mediators")。

过程中,究竟最终的划分是存在与变易、灵魂与肉身、还是范型(*paradeigma*)与摹本(*eikon*)——并且之后他还声称,"空间"(*khora*)是使一切得以解决所必需的第三方术语(48e—49a,52a—b)。①

　　在《泰阿泰德》(*Theaetetus*)中,柏拉图让苏格拉底将最著名的古代哲学家分为两大阵营(152d—e,180d—181b)。一派是以巴门尼德为代表的主张"存在"的阵营,另一派则是以赫拉克利特和普罗塔戈拉为代表的主张"变易"的阵营。存在阵营的人认为"万物是一",该观点是合情合理的。但他们却否认事物的变易,这就不免让人笑话了。苏格拉底就戏称他们为"捕捉整全的人"(arresters [*stasiotai*] of the whole)。变易阵营的人也好不到哪去。他们坚持认为万物是变化的:这个观点也是合情合理的。但他们却声称万物总是处于流变状态,或永远处于运动之中,这便使他们自己都有些混乱,并最终淹没于智术的浪潮之中。关于"河中人"(*reontas*)的讨论就到此为止。那么哲学究竟是什么? 它肯定不会是蒂迈欧的那个方法,即用一个空洞的第三方术语来掩饰错误的二分法所产生的问题。苏格拉底说,最终最糟糕的位置莫过于夹在两大阵营中间,不得不被斗争激烈的两派所拉拢。甚至连恩培多克勒的爱与冲突的"双重故事"也被迫卷入了这场论战。苏格

---

① 对空间、虚空(void)、虚无(negation)、死亡——众多对无的定义——所做的推测,对于某些人而言充满了理解障碍,而对于另一些人而言则轻松易懂不受限制。阅读德里达的《空间》便是一种享受,尽管它没有阐述《蒂迈欧》中的问题,参《关于名字》,杜图阿特编(Jacques Derrida, "*Khora*," in *On the Name*, ed. T. Dutoit, pp. 87—127, Stanford: Stanford University Press, 1995)。《解构的精义:与德里达的对话》一书将德里达的文章剖析得入木三分,该书编者为卡普托(*Deconstruction in a Nutshell: A Conversation with Jacques Derrida*, ed. John D. Caputo, pp. 82—105, New York: Fordham University Press, 1997)。在《马克思对伊壁鸠鲁的研究:无事生非》中,笔者曾探讨过在对"辩证法"的现代理解中,有关无的各种定义的意义,参《狄奥尼修斯》("Marx on Epicurus: Much Ado about Nothing," *Dionysius* 11, 1987, pp. 111—45)。

拉底将恩培多克勒归为赫拉克利特和普罗塔戈拉一派(152e)。那么苏格拉底又是如何脱身的呢？他飞走了,他说,飞行"就是为了力求与神相似"(176b)。① 换句话说,[50]苏格拉底化身成了神圣的费埃克斯舞者,从而使自己免受乏味和争论的干扰。

逃避克里提阿有时后果非常严重。在《蒂迈欧》和《克里提阿》中,苏格拉底是一个既礼貌又亲切的暂住客人,对主人漫无边际地讲故事一直保持着容忍的态度;即便如此,苏格拉底仍有地方触犯了克里提阿。就在斯巴达打败雅典后不久的几年之内,克里提阿试图用威胁的方式让苏格拉底闭嘴,他恐吓苏格拉底倘若再与青年人交谈就要指控他。在《回忆苏格拉底》中,色诺芬记载了一段对话,讲的就是苏格拉底如何幽默地应付这种专横的威逼(1.2.32—38)。在克里提阿的政体日益腐败之际,他甚至想将苏格拉底一同牵扯进来,他命令苏格拉底将三十僭主的一名反对者捉来处死。但苏格拉底走开了。根据柏拉图在《申辩》中的叙述,若不是在抓住苏格拉底之前那个政体就已经被推翻的话,他原本是会因此被处死的(32c—e)。也许克里提阿之所以无法原谅苏格拉底,是因为苏格拉底曾经羞辱过他,将他对年轻的欧绪德谟的男童恋渴望(pederastic longing)比喻成一头猪渴望靠着一块石头摩擦(《回忆苏格拉底》1.2.30)。又或许是因为苏格拉底未能教授给他一些东西而冒犯了他。在《蒂迈欧》和《克里提阿》中,苏格拉底未曾试图教育克里提阿。柏拉图让他以沉默来代替说话。柏拉图应该会赞同色诺芬故事的含义,即苏格拉底有别于克里提阿,就好比

---

① 对观关于这些篇章的传统的解读方式,参伽达默尔(Hans-Georg Gadamer):"除埃利亚学派(Eleatics)外,柏拉图将其所有的前辈都视为一个整体,并给他们取了一个名字——'赫拉克利特学派'。显然,这种设想传统的方式是一种逆向的发展,它的真正动机是,通过理念的学说来积极地盗用埃利亚学派有关存在的思想"(《知识的开端》,*The Beginning of Knowledge*,trans. R. Coltman;New York;Continuum,2002,p. 104)。

奥德修斯有别于因不懂节制而被喀耳刻变成猪的同伴一样(《奥》10.203以下);然而在对话中,他却借用了《奥德赛》中的另一幕场景来体现这一点。

[51]柏拉图在呈现蒂迈欧的宇宙论时,重新塑造了对德摩多科斯的阿瑞斯和阿芙洛狄忒之歌,将其对赫菲斯托斯不着痕迹的批判,发展为他解释毕达哥拉斯主义局限性的基础。对于克里提阿,柏拉图也采用了类似的方法。他重新塑造了德摩多科斯口中的希腊与特洛亚之间古老战争之歌,用以呈现克里提阿的雅典与亚特兰蒂斯之间古老战争的故事。荷马的文本形成了柏拉图创作的语境,在该语境中,柏拉图向一群读者讽刺地描绘了其叔父的智术著作,这群读者对其叔父的弱点和他政体的残酷性都十分了解。此外,荷马源文本中一个很精彩的部分,也成为了柏拉图进行批判的基础。荷马将奥德修斯聆听德摩多科斯演唱三支歌曲的场景,作为整篇诗歌中不可缺少的部分。尽管起初看上去它们彼此之间似乎毫无联系,但特洛亚之歌和阿瑞斯与阿佛洛狄忒之歌拥有统一的主题——爱,战争和欺骗三者之间的关系——和一个唯一的目的:促使奥德修斯产生怀疑并认真反思自己的人生。柏拉图重新塑造这几首歌曲用以呈现如下两者的关系,即蒂迈欧的宇宙论和克里提阿的智术之间的关系,这就表示他理解了荷马作品的这一特征。然而,柏拉图在重新塑造德摩多科斯的特洛亚之歌的修辞时,还是混合了些许自由创作的成分。毕竟,德摩多科斯是一位诗人,而不是杀人犯。

德摩多科斯的第一支歌曲,讲述了阿喀琉斯(Achilles)和奥德修斯在一个祭神的节日里发生的一次激烈的争吵(8.73—82)。阿伽门农听见他们争吵,心里十分高兴。根据德尔斐神谕的预言,他们的争吵将预示着特洛亚被围攻。阿伽门农心想,按照宙斯的意愿,如今灾难和痛苦(*pematos arche*)已经开始降临于特洛亚人和希腊人之间。在所有的希腊文学中,找不到任何其他有关阿喀琉

斯和奥德修斯在特洛亚发生争执的记载。在《伊利亚特》的开头，
阿喀琉斯和阿伽门农因一个女人而引起的争执，给希腊人和特洛
亚人带来了同样巨大的灾难，但在帕特洛克罗斯（Patroclus）和赫
克托耳（Hector）死后，战争距离结束似乎仍然遥遥无期（1.1—7）。
在一开始，德摩多科斯的歌曲就暗示了更具结论性的信息：这场战
争将以希腊人的胜利告终，只要阿喀琉斯和奥德修斯能够解决他
们之间的争论，即究竟是用武力还是用欺骗取胜这种马基雅维里
式的（Machiavellian）争论。[52]然而，不论是胜利者还是战败者
都遭受了同样的苦难，从这一点来看，也就无所谓胜利了。当德摩
多科斯在吟唱特洛亚人"和希腊人"的苦难时，使《奥德赛》区别于
《伊利亚特》的主题就突显出来了：奥德修斯在战争的残酷和不义
中所受到的教育。奥德修斯遮住脸默默流泪，只要德摩多科斯一
曲停毕，他便向神灵奠酒，在座的人中只有国王阿尔基诺奥斯理解
了他的行为（8.83—95）。

　　阿尔基诺奥斯为悲伤的奥德修斯安排了一场竞技比赛以缓
解他的哀愁，费埃克斯人伴随着美妙的歌曲跳起了神圣的舞蹈，
在欢宴的过程中，奥德修斯向瑙西卡娅做了最后的告别，①在这
之后，奥德修斯——费埃克斯人仍未得知他的身份——请求德
摩多科斯再唱一唱特洛亚的故事（8.474—498）。他请他叙述
"建造木马"（hippou kosmon aeison dourateou）的故事，也就是奥
德修斯策划的导致特洛亚陷落的骗局（dolon，8.492—494）。阿
芙洛狄忒和阿瑞斯之歌深深地打动了他。如果德摩多科斯的第
一支歌曲引发了一个问题，即他对战争造成的苦难应负有什么
责任，并暗中透露了他可以用来衡量自己行为的正义与否的标

---

①　尼采对奥德修斯的告别做出了一番无人能出其右的精彩评语："告别人生应当像奥
　　德修斯告别瑙西卡娅那样——更多的是祝福，而不是迷恋。"（Friedrich Wilhelm
　　Nietzsche, Beyond Good and Evil, no. 96。）

准,那么德摩多科斯的阿芙洛狄忒和阿瑞斯之歌便已经使他明白了这一点:奥德修斯想听一听,自己在特洛亚最狡猾也最荣耀的行为,在德摩多科斯的描述中,所用的语词同描述赫菲斯托斯的圈套(dolos,8.276)的语词一样。德摩多科斯的第二支关于特洛亚的歌曲,讲述了特洛亚沦陷那一夜所发生的事情(8.499—520)。若不是特洛亚战败的命运(aisa,8.511)早已注定,奥德修斯的木马计很有可能会被识破。然而,德摩多科斯说到,一旦劫掠开始,奥德修斯便远不再是一个聪明的策划者了。他比阿喀琉斯更残忍,奥德修斯"有如阿瑞斯"(ēut'Arēa)一般地冲入战场,完全投身于他所经历过的"最艰苦的战斗"(ainotaton polemon,8.518—519)。

[53]在《奥德赛》最美丽的场景之一中,奥德修斯流泪了(8.521—532)。他公然地流下泪来,没有遮住头部。荷马说他的眼泪十分"可怜"(eleeinon,8.531),他做了一个令人震惊的比喻,即将奥德修斯的眼泪比作妇人因"可怜的悲痛"(eleeinotatoi akhei,8.530)而流下的泪水,她眼看自己的城邦沦亡,丈夫在眼前被人杀害,就在丈夫奄奄一息时,战胜的士兵却逼迫她与自己的骨肉分离,并让他们都去受奴役。德摩多科斯歌唱征服者奥德修斯,而奥德修斯却与被征服的妇人一同哭泣。赫菲斯托斯的反抗才智一旦不受限制,就会暴露出如同嗜杀的阿瑞斯般的残忍性。德摩多科斯的歌曲向他展示了他是什么样的人,并迫使他去领悟这一点。奥德修斯终于做好返回故乡的准备了。

在《蒂迈欧》的开头,当苏格拉底得知他喜欢的那个同伴今日不愿来克里提阿家中做客时,他很可能立马准备打道回府。然而他却留了下来,直到执意留客的主人把话说完为止。在创作克里提阿的两篇讲辞时,柏拉图重新塑造了德摩多科斯的两首特洛亚之歌的基本特征。他将歌曲的演唱和内容区分开来,仅利用了故事的形式或结构:因此,克里提阿被安排在蒂迈欧之前和之后发言。第一首歌曲所描绘的插曲的氛围,同样与对话中的戏剧有意识地照应了:在特洛亚沦陷前不久的一个宗教节日里,奥德修斯和阿喀琉斯发生的争吵,变成了在雅典战败前不久的普林特里亚节日庆典里,苏格拉底和克里提阿的相遇。

苏格拉底和克里提阿之间的分歧因礼貌而有所缓和,但仍然很明显。他们之间没有爆发像奥德修斯和阿喀琉斯那样激烈的争吵,声音大到甚至整个希腊军营都听得见,因为他们之前已经就彼此之间的分歧进行过讨论,而且二人观点的两极对立在雅典也是远近闻名的,尽管有些只是谣言。这样的氛围使柏拉图得以将荷马诗歌象征的两个方面彻底区分开来:比阿喀琉斯更残忍的狡猾的奥德修斯,与倾听德摩多科斯演唱并发生转变的奥德修斯相区分;善于吟唱征服的德摩多科斯,[54]与能够教育奥德修斯的德摩多科斯相区分。由于苏格拉底已经理解了德摩多科斯向奥德修斯所展示的关于他自身的事情,而克里提阿却永远不能理解,尽管他自以为是诗人和哲人,因此,对于荷马所刻画的德摩多科斯的艺术和奥德修斯的性格,柏拉图将其最糟糕的部分安排在了克里提阿的言辞中。而其余的部分,柏拉图则让它体现在了苏格拉底的沉默中。

赫菲斯托斯的诡计是柏拉图呈现蒂迈欧宇宙论的中心,因此同样地,奥德修斯的"骗局"(dolon,8.494)也成为了柏拉图创作克里提阿精心准备的故事的主要特征。克里提阿的骗局,一方面可以看作是他的智术技艺,另一方面则可看成是其讲辞的实质。在《会饮》中,曾师从于高尔吉亚的肃剧诗人阿伽通(Agathon)展示了他老师的修辞技艺,他在颂词的一开头便说道:"首先,我打算说说我该怎样一个讲法,然后再进入正题"(194e)。柏拉图让克里提阿的两篇讲辞都同样体现了他的智术计谋:第一篇是关于他即将要讲的故事,第二篇则是关于故事本身。尽管《奥德赛》为柏拉图创作克里提阿的讲辞提供了文学语境,但从他故事里最吸引人的一些要素中可以看出，它们的实质中最主要的部分很可能就源自于克里提阿自己的作品，但他的所有作品几乎已全部散佚。克里提阿既写肃剧又写著作和讲辞，他甚至还用诗文的形式介绍了雅典和斯巴达的政体。柏拉图必定读过。他留存下来的篇幅最长的作品残篇，就来自于他所写的一部肃剧《西绪福斯》(Sisyphos)。该残篇对骗局的解释富有启发性。

残篇(DK 80B25)所呈现的无疑是对自然(physis)和礼法(nomos)之间关系的智术描写，这在柏拉图对话中经常受到批判。它认为，人类生活原本"无序而野蛮"，对杰出者不予以奖赏，对作恶者亦不予以惩罚。在这种艰难的环境下，法律作为"万物的统治者"便应运而生了——有一种看法认为它由杰出者制定——但凡违反它的人都要受到惩罚。因此，政体的法律统治便成为了"正义"的源头。然而，克里提阿在文章中还继续说，即便法律得以残酷无情地实施，亦不能阻止有人"暗中犯罪"。[55]因此，"一个明智而博学的人(sophos gnomen aner)便在凡人心中引发了(ex-eurein)对神灵的畏惧，如此一来，即便作恶者在暗中偷偷做过、说过或想过任何恶事，他们都会心生恐惧(deima)。"他创造了"神圣者"(to theion)，利用"最迷人的传说，即用一个虚构的故事来掩盖真实"(pseudei kalypsas ten aletheian logoi)将它描述给众人听。克里提阿之所以这样做，是为了创作一篇讲辞，以便为公开表述自己政治神学观念的立法者提供一个范例。随后他便开始解释如何使故事具有说服力和影响力。他说，人类通常害怕风暴、闪电和雷鸣，而且他们不了解诸天的运行，即智慧的工匠(tektonos sophou)克罗诺斯的工作。因此，通过将天空或天说成是无所不知无所不能的神灵的居所，立法者便可使人类害怕它们的力量。这样一来，该残篇总结到，"某个人说服了凡人，使他们相信(nomizein)神族的存在。"

蒂迈欧是一个受欢迎的暂住客人，这不足为奇。在创作有关神灵的讲辞时,他和克里提阿都运用了相同的计谋(《蒂迈欧》40d—41d;《克里提阿》107b)。的确,蒂迈欧和克里提阿在大多数事情上看法都一致。柏拉图在重新塑造荷马的过程中,借用了德摩多科斯三支歌曲的连续性的修辞来体现他们之间的一致。阿瑞斯和阿芙洛狄忒之间的关系,对于人类而言具有何种意义,这一主题隐含在了德摩多科斯的第一支歌曲中,当奥德修斯领悟了这一主题时,他正在一边回想第二支歌曲,一边倾听德摩多科斯的第三支歌曲:尽管最后一支歌曲描述的是奥德修斯在特洛亚时精神的下降,但三支歌曲合在一起的教育性,又进一步推动了他精神的上升。在《蒂迈欧》和《克里提阿》中,苏格拉底必须安安静静地坐着,听凭其主人的教导,克里提阿在第一篇讲辞中就暗示到,苏格拉底昨日对正义的论述完全是错误的,而且他在最后一篇讲辞中宣称会将整个工作做得更好,这篇讲辞所讲述的故事,将他对当下的政治环境所怀抱的野心,投射在了宇宙这块大画布上,他接着蒂迈欧已为他做好的铺垫继续往下讲。蒂迈欧的宇宙论纠正了苏格拉底关于厄尔的故事,而克里提阿也将《王制》余下的讨论简单地理解成美好城邦的范式,[56]即驻防体制的蓝图,他认为这是一个很有吸引力的想法。因此,克里提阿的雅典与亚特兰蒂斯之战的故事,便是他对那个原型"在天上"(*en ouranōi*,《王制》592b)的城邦所进行的重新描述,而他和蒂迈欧之所以了解天宇,是因为苏格拉底曾对他们进行过深入的教导。

　　克里提阿将苏格拉底的讲述蔑称为"寓言故事",一个神话(*mythos*),他将把它转变成"真实",*alētheia*。苏格拉底用他一贯的讽刺方式对克里提阿的自负进行了嘲讽(26c—e)。没有说话的必要,因为他知道,他的虚构故事永远不会取得进展。当被问及时,不论是蒂迈欧还是克里提阿,都未能回想起《王制》中任何能够体现哲学迷狂的内容。当苏格拉底再一次试探他们,他说一只画中动物的静止状态,无异于一只正在休息的活的动物的静止状态

(19b)时,蒂迈欧和克里提阿都非常重视他的话。① 因此,我们又
怎能期望蒂迈欧的宇宙论,能够对"整全"(*pan*)中活的事物所拥
有的爱欲进行解释呢(29e)? 显然不能:他的讲辞相当于一份验尸
报告。同理,克里提阿打算使静止的美好城邦运动起来的计划,如
果不是智术师的技艺演习,还能是什么呢? 从很大程度上来说,当
然不可能是其他什么。然而,在不单调乏味的时候,情况则更糟
糕。在克里提阿的故事结尾,有识之士的自我放纵弱化了下来,而
僭主的野心则开始暴露出来。

　　克里提阿的故事并非如他所声称的那样,是靠回忆的技艺来
叙述的。也并非是从很久之前一直流传下来的故事。就在蒂迈欧
讲辞结束后不久,克里提阿无意中透露,他的发言只是"一时冲动"
(*parakhrēma*,107e)。或者说得更准确一点,他根本就是在编故
事,这就是根据昨晚匆匆忙忙所做的笔记而即兴创作出来的故事。
昨日,苏格拉底凭记忆将《王制》中的讨论复述了一遍。克里提阿
必须得超过他才行。他将回忆一个故事,一个至少一样长并且有
意义得多的故事,一个几十年前,当他还只是个十岁的孩子的时
候,只听过一次的故事。这是一份礼物……此外,这个故事在他的
家族中代代相传:[57]他是从九十岁的祖父那里听来的,而他祖父
自己也是在很多很多年以前听过一次这个故事。此外:这不是一
个在比雷埃夫斯供人们闲聊的故事,而是一个与梭伦有关,具有世
界历史意义的故事。克里提阿的用意十分明显。他将以一个有智
慧的人的身份来发言,他能创造出"最迷人的传说,即用一个虚构
的故事来掩盖真实",这是《西绪福斯》残篇里的话。他的计谋将被
如下两个幌子所掩盖,即他是从梭伦那里听来这个故事的,而梭伦

---

① 学者们也习惯对苏格拉底的话给予认真对待。参约翰森,《柏拉图的〈蒂迈欧-克里
　　提阿〉中的真实、谎言与历史》,刊于《探究者》(Thomas K. Johansen, "Truth, Lies,
　　and History in Plato's *Timaeus-Critias*," *Histos*, University of Durham, 2, 1998)。

又是从埃及祭司的先贤那里听得的。假如他的叙述圆满成功的话,那也许会十分有趣,但他为这个故事所杜撰的谱系实在漏洞百出,苏格拉底的沉默便充分体现了他的判断。① 大部分叙事性的谜团都与一个消失又出现的文本有关,而该文本的特征有时还会发生改变。

他说,雅典与亚特兰蒂斯之战发生在九千年前。所有的事件都被记载了下来——但细节不清楚——并被存放在了埃及的图书馆里。当梭伦旅行到埃及的时候,他遇到了一些知晓此事的祭司。然而,他们在向他展示"实实在在的文本"之前(24a),先向他传授了解释学:他们解释到,关于神灵的古老故事都是寓言,它们的真实都存在于自然现象中(22c—d)。在梭伦回到雅典后,他带回了埃及的文本,并清清楚楚地记住了克里提阿所说的智慧的祭司们所讲述的解释学原则,然后,他便开始着手将这个故事创作出一个属于自己的版本,并意图取代荷马,彻底改造希腊文化。然而,他却因受到紧迫的世俗之事的阻挠而未能完成。也许诗歌终究只不过是一种闲散的消遣。[58]在谈到谱系的时候文本散佚了——或者更准确地说,克里提阿在自己的故事里迷失了。他继续说到:梭伦将这个古老的故事告诉了德罗皮德斯(Dropides),但他似乎并没有把文本给他看,或是将整个故事一字不差地背给他听。而后

---

① 若将柏拉图对话当作论文来读,并将里面所说的全部内容直接归结为柏拉图的意思,那么许多事情则将不得不做出解释。尤其是将克里提阿的智术故事融入柏拉图的哲学,这便引发了许多异乎寻常的观点。沃格林将解释学的朴质(naïveté)与超复杂(hypersophistication)结合起来,他认为作者也以人物角色的形式出现在了对话中,他最好被称作"蒂迈欧-柏拉图"和"克里提阿-柏拉图"。蒂迈欧-柏拉图"歌唱理念(Idea)的诗歌",这仅在《王制》中有所暗示,而克里提阿-柏拉图则既以叙事诗的形式叙述了体现或实现了理念的"真实故事",又对苏格拉底知之甚少的"集体灵魂的神话力量"进行了探究。参其《柏拉图的埃及神话》,见于《政治学杂志》;以及《柏拉图与亚里士多德》,《秩序与历史》卷三("Plato's Egyptian Myth," *Journal of Politics* 9:3,1947,p. 311,p. 320;and *Plato and Aristotle*,vol. 3 of *Order and History*,Baton Rouge:Louisiana State University Press,1957,p. 180。)

德罗皮德斯又将这个故事告诉给他的儿子克里提阿,即与僭主克里提阿同名的他的祖父——同样也没有借助文本或者背诵和记忆。我们的叙述者在企图构建他的家族谱系时,将文本中的谱系说的含混不清,并且最后他还企图掩饰这个严重的错误,他说到,他的祖父是直接从梭伦那里"听说"这个故事的(25d)。

由于这个故事本身的重要性,以及可以想象得到要记忆并保留这样一个故事所需付出的努力,老克里提阿一生都没有对它做任何改动。在他九十岁高龄时,一句顺带的话使他突然出现在了文本中,这也是他唯一的一次出场,当时小克里提阿碰巧也在场。同样地,克里提阿也对他所了解的这个故事只字未动——即在有机会向苏格拉底指点一二之前只字未动。他说他能回想起故事的每个细节(26c—d),然而他又不能说明白,他究竟是在回忆"梭伦的叙述"(25e),还是与"梭伦的故事和法律"相一致的"圣神的文献上的记载"(27b),抑或是埃及祭司告诉给梭伦的故事(108d)。他是在回忆梭伦口述的故事还是他笔述的故事,抑或是埃及人口述的故事或笔述的故事? 再深入一想,又是谁将原始文本翻译过来的? 这些都是后话了,但在他的客人们有机会发问之前,克里提阿掩盖了这些棘手的问题,假装已将问题澄清(113a—b)。这些事件本身很可能是用希腊语口述出来的,却是由埃及人用他们自己的语言书写下来的。梭伦将埃及语文本翻译成希腊文。希腊语文本传给了老克里提阿,然后从他那里又传给了我们的叙述者,那时还是个孩子的他将这个故事背了下来。但是且慢:他起初不是说这个故事完全是由他人凭记忆口述给他的吗? 克里提阿不耐烦地挥了挥手,轻飘飘地说了句"不要大惊小怪"(113b),接着又继续往下说。

雅典与亚特兰蒂斯之战的故事将取代所有其他的史诗和历史,成为希腊最辉煌的故事。[59]克里提阿在构建他的故事时,便暗中提到了这些史诗和历史,并似有取而代之的意思。相比之下,特洛亚之战只是个小规模冲突而已。对抗波斯的战争或许与之同等英勇，但亚特兰蒂斯却被塑造成了一个要难对付得多的敌人。为了款待他的暂住客人赫墨克拉底，克里提阿故事中空想的地理环境，也暗示了这场古老战争与雅典远征叙拉古时的地理环境之间的相似性。克里提阿原以为，将苏格拉底也一同掺和进来，应该对于教育他会相对容易一些。但他却并未对此给予过多考虑，因为他对诗歌和知识的渴望固然强烈，但与他的故事的政治动机相比起来，仍然是次要的。隐藏在这个古老战争的虚构故事背后的是伯罗奔半岛战争，而隐藏在对古雅典与亚特兰蒂斯的政体的描述背后的，则是克里提阿对公元前407年的政治环境所怀抱的野心。当克里提阿在细想亚特兰蒂斯中更为血腥的细节时，苏格拉底不是他考虑的首要问题。他首先要考虑的是，他和他的集团将要如何统治雅典和比雷埃夫斯。

　　克里提阿的故事不仅充斥着显著的年代错误和漫无边际的题外话，而且出奇地枯燥。在一开始，他对古雅典做了一番粗略的描述，但几乎等同于什么也没说（109b—112e）。他除了直截了当地声明了自己的前提外，即其政体与美好城邦类似，因为它的邦民和居民都由"护卫"阶层统治（110c—d），他对此所发表的唯一一句实质性的言论——卫城内供奉的两个神灵，雅典娜与赫菲斯托斯，他们"在天性（nature）上都爱智慧，也爱技艺"（109c,112b）——与其说是对其政体的一个说明，倒不如说它揭露了克里提阿的修辞技艺的智术。其余的叙述都无关紧要：完全没有意义的地理描述。然而，当克里提阿开始描述亚特兰蒂斯时，却显得兴致勃勃。他的这番描述不仅篇幅要长得多（113b—121c），而且充满了有趣的言论。虚构的地理环境只是其政体的背景设置，也可以说是其形式的一种体现。直线式的上部平原不如圆形式的港口与中心城市重要，河道的布局不如政体的安排重要，政体中十位国王之间的关系则最为重要。当克里提阿专注于叙述时，[60]他的寓言故事慢慢开始变得真实起来,因为在最后,他向他的客人们展示了自己的真实面目。

克里提阿所选择建立的那个原型"在天上"的城邦,应该是亚特兰蒂斯,而非雅典(《王制》592b)。当苏格拉底告诉格劳孔,他一直在寻找的正义城邦的原型可以"在天上"找到时,格劳孔并不完全理解他的意思,但克里提阿对他们的讨论的理解则离谱得可笑。他认为苏格拉底在两个方面都很无能:他不仅无法想象,一个和宇宙秩序相类似的政体的形式如何能存在"在地球上",而且他的宇宙论从一开始就混乱得令人难以置信,简直让人无法理解。而他对亚特兰蒂斯的描述,则将向他展示应该怎么做。克里提阿将蒂迈欧对天体的旋转所做的解释作为自己的模型,并描绘出了一个大致的轮廓,即海水与陆地呈同心圆状交替分布,被它们环绕在中心的岛屿,便是卫城及其政体的所在地。为了给这一简单的设计增光添彩,他还说到,圆形的墙壁由不同的元素和金属制成,每一层到中心的距离各不相同,这其实暗示着苏格拉底在构想美好城邦的黄金统治者向后辈所说的"高贵的谎言"时(《王制》414b—415d;参 527b),所使用的赫西俄德(Hesiod)的"金属世代"的神话(《劳作与时日》109—201),而更加明显的暗示则是,天体除了是一个个做着圆周运动的单质体(elemental bodies)外,根本什么也不是,该观点与蒂迈欧的宇宙论相一致(《蒂迈欧》40a—d,58c—59d)。克里提阿不费力气地很快就将故事讲完了,他故意使自己看上去游刃有余,但实际上却一知半解,对于他而言,只有这个想法的独到性令人印象深刻,而他对细节的关注则暴露了他缺乏教养的事实。天体的三维运动模式简化成了亚特兰蒂斯城邦的二维模式,对此他竟丝毫不在意,这就表明,他根本没有理解苏格拉底先前对平面几何,立体几何和天文学之间的差异所做的讨论(《王制》527c—528d)。他的目的不是理论性的,而是世俗性和实用性的。

  亚特兰蒂斯是雅典的一个极为夸张的对立面——这里指的不是古雅典,而是他所处时期的雅典。亚特兰蒂斯的港口呈完美的圆形,其周围地区的河道则呈完美的直线型;与此相反,雅典城邦的上部以卫城为中心,[61]它的港口,即比雷埃夫斯,以网格形式分布,这一布局是由希波丹姆(Hippodamus)设计的,他是所有这类简单的"城邦规划"的创始人(亚里士多德,《政治学》1267b21—22)。雅典卫城位于整座城邦的最高处,而亚特兰蒂斯的卫城则位于其港口,专门供奉着波塞冬,即雅典人因选择了雅典娜而放弃了的守护神(参《默涅克塞诺斯》237c—d)。比雷埃夫斯是所有反对雅典传统的彻底的民主势力的聚集地,而亚特兰蒂斯港口则正好相反,它是政府所在地,其政体与民主相对立——十个国王的联盟统治,他们彼此之间是亲兄弟关系(《蒂迈欧》25a;《克里提阿》119c)。克里提阿的古老战争的故事,其直接的政治意义是显而易见的:如今,捍卫"传统"的雅典人,即城邦上部的寡头统治者,正与排斥他们的位于比雷埃夫斯的民主势力进行斗争。假如雅典赢得了伯罗奔半岛战争,那么它将如同斯巴达政体那样实行残酷的统治:城邦上部的寡头政权将由军队卫戍加以防护,而在比雷埃夫斯则实行恐怖统治。[①] 在讲述这个故事时,克里提阿曾表示,他认为亚特兰蒂斯的政体十分"野蛮"(116d),但他却没能把这个虚构的故事讲得很好。

  柏拉图对其叔父所做的最后一笔描述是,克里提阿在描绘亚特兰蒂斯国王联盟制的残暴性时,明显表现出的愉悦之情。掩盖

---

① 对观雷瓦克与维达纳克,《空间与城邦:从希波丹姆到柏拉图》,刊于《雅典人克里斯提尼:论空间与时间在希腊政治思想中的体现》(Pierre Lévêque and Pierre Vidal-Naquet, "Space and the City: From Hippodamus to Plato", in *Cleisthenes the Athenian: An Essay on the Representation of Space and Time in Greek Political Thought*, trans. D. A. Curtis; New Jersey: Humanities Press International, 1996, pp. 81—97)。

克里提阿智术技艺的面纱终于滑落了,大家都看得出他对三十僭主的统治不胜向往。雅典在败给斯巴达之后,便建立了残酷的三十僭主的寡头政体,并由斯巴达驻军予以防护。统治比雷埃夫斯的是十人议会(Council of Ten),克里提阿的侄子卡尔米德便是这十人之一。克里提阿是这群人中最嗜杀成性的一个。当三十僭主中的萨拉门尼斯(Theramenes)对反对政体者被围捕和处刑的速度提出质疑时,克里提阿便下令逮捕并处死了他。柏拉图在故事的结尾表示,克里提阿预测了处死萨拉门尼斯的法律细节,他在冷酷地推断着是否需要一套程序[62]——采取简单多数原则——通过它,十位"国王"中的任何一位都可以将另一位处死(120d)。在对话即将结束时,克里提阿热情高涨,完全抛开了故事本身,转而赞扬十位国王的德性(120e—121a):高尚、温和、公正、明智、不因拥有巨额财富而生活腐败,服从古老的律法,他们是真正的神灵的后裔。倘若他们神圣的血统不曾遭受玷污的话(121a—b)。

克里提阿的故事还没结束,柏拉图便让他停了下来。也许这也恰好是克里提阿原本打算结束的地方,骄傲自大的他最后总结到,他是在回忆一个梭伦因陷入雅典繁忙的政治琐事之中而未能完成的故事(《蒂迈欧》21c)。如果真是这样的话,那么克里提阿作为史诗吟诵者的表现,与他作为形而上学者的成就相比,也好不到哪去。他原本打算向苏格拉底和其他人讲述雅典与亚特兰蒂斯之间的战争故事,但他对它们政体的静态形式的概述,却未能像他承诺过的那样,使它们中的任何一个"运动"起来(19b以下)。雅典与亚特兰蒂斯一直处于静止状态,直到克里提阿让一场大洪水将它们淹没为止。政体的静止变成了海洋的涌流和波动。因此,克里提阿所做的努力,依旧未能使存在与变易之间的斗争得出结论。为了避免陷入论战,苏格拉底唯一的办法——对于任何有理智的人而言唯一的办法——便是飞离(《泰阿泰德》176b)。

与德摩多科斯的最后一支歌曲一样,克里提阿的讲辞也结束得十分突然。当奥德修斯听到德摩多科斯描述狡猾的木马计如何让特洛亚惨遭洗劫,而他本人则犹如嗜杀的阿瑞斯般残忍时,他感到十分"悲恸"(8.522),于是公然地落下泪来。阿尔基诺奥斯对他悲伤的泪水深表同情,于是他打断了诗人的吟唱。他对费埃克斯人说,停止歌唱"更为适宜"。是时候送这位异乡人回家了。但阿尔基诺奥斯要他先告知自己的身份(8.543—552)。既然德摩多科斯的歌曲已经让他看清了自己是什么样的人,并且他也肯定这里的人都会认得他,于是他便向他们说出了自己的名字:"我是拉埃尔特斯(Laertes)之子奥德修斯"(9.19)。[63]慷慨的费埃克斯人准备了一艘有魔力的船送他归国——他们的船能够理解"人们的思想和心愿,洞悉一切部族的城邦和所有世人的肥田沃土"(8.559—560,参1.3)——尽管这样做会给他们带来巨大的麻烦。由于费埃克斯人总是慷慨地护送所有的外乡人回家,波塞冬对此早已心生不满。倘若海神得知他们帮助奥德修斯归国,他很可能会降一座大山包围住他们的岛屿,并在盛怒之下将费埃克斯人淹没在他的巨浪中(8.564—571),就像他的儿子库克洛普斯人波吕斐摩斯(Polyphemos)曾试图投掷巨石来击毁奥德修斯的船只一样(9.481—486,537—542)。

柏拉图在重新塑造这支歌曲时,与嗜杀的阿瑞斯一样残忍的是克里提阿。他发言的时间越长,他的智术才能就越难掩饰他讲辞的用意;当他在赞美那十个人时,他终于暴露了自己的本质。他已无需再多说什么。即便他继续说下去,阿尔喀比亚德归国的消息也会让他停下来的。此次谈话已经进行得够长的了。倘若阿尔喀比亚德的回归能够揭示这个故事的真相,那么为什么要将这个虚构的故事拖延得这么长?苏格拉底的回归又意味着什么?苏格拉底就如同转变后的奥德修斯一样,站在克里提阿和他的客人们面前,却没人能认出他。阿尔喀比亚德的船只在普林特里亚节庆典当天驶入比雷埃夫斯港,这是不祥的预兆。雅典娜被蒙上了面纱。雅典的人们都往位于低处的比雷埃夫斯港跑去。很快,这座城邦就要灭亡了。苏格拉底的回归若不是在今天,就必定是在他找到自己真正的同伴那天。而那一天也终将到来。在克里提阿的家中,苏格拉底就是无人(no one),克里提阿和库克洛普斯人一样无法阻止他的回归。

上升:《斐德若》

　　[64]按照传统的观点来看,《蒂迈欧》和《克里提阿》是两篇相互独立的对话,而《克里提阿》则是一部未竟之作。因此,有关它们在戏剧上和实质上的一致性问题几乎从未被人提起。而《斐德若》则一直被视作一篇已完成且自给自足的对话,但仍有学者认为它既笨拙不堪又令人费解。对于这篇对话"主题的统一性",大家也是众说纷纭,莫衷一是。它似乎有些累赘,总好像快要分成两半了一样:一半以对爱欲的讨论为开始,另一半则以对修辞的讨论为结束。有些学者满足于将这称作"哥特式的"排列,便不予理会了,而他们援引的证据则是晚年的柏拉图已经"失去了创作的能力"。其他的学者则认为它的一致性主要是一种"艺术"特征,但他们却发现,这篇对话中各式各样的文学风格,[65]成为了该观点得以成立的一大阻碍。不过,这篇对话的文学形式的完整性和美感却是不可否认的。写得这么好的作品怎么会缺少"主题的统一性"? 近年来,人们又重新提起这个问题,却仍未得出一个令人满意的答案。①

---

① 对学术观点的范围所做的这一总结乃基于以下著作中的讨论,德弗里斯,《柏拉图〈斐德若〉义疏》(G. J. de Vries, *A Commentary on the "Phaedrus" of Plato*, Amsterdam: Hakkert, 1969, pp. 22—24)。大多数在德弗里斯的义疏之后 (转下页注)

　　德弗里斯认为,《斐德若》主题的规划是"有说服力地运用文字"。但该观点实在过于笼统。几乎任何一篇柏拉图对话都可以这样概括。相反,格里斯沃尔德(Charles Griswold)则十分坚持自己的观点,即"自我认识"的主题解决了"《斐德若》统一性的问题"。他把自己对柏拉图哲学的论述,补充作为在黑格尔观念论(idealism,或译"唯心主义")中得以充分发展的"自我认识"的一种恰当形式,格里斯沃尔德十分赞同一种解释学的观点,该解释学强调每篇对话的"有机的统一性",以至于它认为以下方法"不合理",应当予以排斥,即将"柏拉图文集"视作一个"重要的整体",理解每一篇对话都必须以它为背景。费拉里(Giovanni Ferrari)对柏拉图诗意的"论述模式"的理解则更为深刻,并且他对如下问题的理解也同样敏锐,即与对哲学本质的哲学探询相关的自反性问题。然而费拉里却说,他不愿"费力地去……统一《斐德若》",他说,柏拉图的意图是让"世界粗糙的边缘刺穿他对话的关节",从而掩盖住了有关文本主题的迥异性问题。① 与其说这是一个令人信服的解释,倒不如说它似乎更像是一番回避问题的雄辩说辞。

　　[66]对于柏拉图而言,若要理解修辞与爱欲的关系,则必须理

　　(接上页注)所发表的有关《斐德若》的研究,均属于其类型学的范围。值得一提的是,提交给1989年柏拉图研讨会的关于《斐德若》的论文,几乎都是专题研究论文。只有布里松的论文除外,即《柏拉图〈斐德若〉的一致性:〈斐德若〉中的修辞学与哲学》(Luc Brisson,"L'unité du *Phèdre* de Platon: Rhétorique et philosophie dans le *Phèdre*")。参罗塞蒂编,《理解〈斐德若〉:第二届柏拉图研讨会论文集》(Livio Rossetti, ed., *Understanding the "Phaedrus": Proceedings of the II Symposium Platonicum*, Sankt Augustin, Germany: Academia-Verlag, 1992)。

① 参德弗里斯,《柏拉图〈斐德若〉义疏》23;格里斯沃尔德,《柏拉图〈斐德若〉中的自我认识》(Charles L. Griswold Jr., *Self-Knowledge in Plato's "Phaedrus"*, New Haven: Yale University Press, 1986, pp. 2—9, 157—58, 15);费拉里,《听蝉:对柏拉图〈斐德若〉的研究》(G. R. F. Ferrari, *Listening to the Cicadas: A Study of Plato's "Phaedrus"*, Cambridge: Cambridge University Press, 1987, pp. 1—2, 30—32, 232)。

解修辞与辩证法和诗歌(*poiēsis*)的关系。在《斐德若》中,苏格拉底说,言辞的力量(*dynamis*)通过劝说来引导灵魂(*psychagōgia*)。若想善于表达,则必须对灵魂有所了解:它的各种类型或等级,它潜在的本质,以及它在事物的秩序中的位置。而若要知道如何正确地引导灵魂,则既要了解人类灵魂发展的形式与目的,又要能够鉴别言辞在导向那些目的时所使用的各种方式(271c—d,277b—c)。在某种程度上,爱欲是关于灵魂在"其所是(all that is)"中的位置,以及灵魂与其所是之间的关系的知识,但它又不仅仅是知识。更重要的是,它是界定哲学家生活方式的一种实践。有时候哲学家也会认为,对于说服他人而言,修辞技艺有用处,也许甚至还必不可少。然而,对于苏格拉底而言,辩证法才是吸引他人最合适的说话方式。对于与一同探究问题的另一方之间进行互相交谈而言,辩证法是最合适的谈话形式。修辞术最多只能引导对方——假设他愿意的话——进行这样的谈话。但辩证法同时还被苏格拉底形容成一种独自的实践活动。在《会饮》中,他将灵魂沿着爱的阶梯的"上升的台阶"朝着"完美的启示"不断上升的过程,描述成一种最终需要独自完成的活动(209e—212a)。在《王制》中,爱欲的最高形式便是辩证法的最高形式:一个人独自进行的与事物本身有关的"旅程"(*poreia*,532a—c)。不论苏格拉底何时谈到这些事物,也不论谈话的对象是谁,他都必须像一个诗人一样说话。于是辩证法便成了一支"歌曲"(《王制》531d),而爱欲的迷狂和音乐的迷狂则变得不可区分了(《斐德若》248d)。

伯格(Ronna Burger)的评语十分恰当,她说《斐德若》统一的主题是"爱欲的辩证法"。[①] 笔者不认为这句话的意思是这篇对话

---

① 参伯格,《柏拉图的〈斐德若〉:为哲学的写作艺术辩护》(Ronna Burger, *Plato's "Phaedrus": A Defense of a Philosophic Art of Writing*, Tuscaloosa: University of Alabama Press, 1980, p. 6)。

是一部戏剧化的论著,在这当中,[67]柏拉图将苏格拉底描绘成了热衷于理智地或理性地追求事物本身之理念的人。柏拉图的苏格拉底不是一个观念论者。① 相反,《斐德若》所展示的是,苏格拉底对如何善于表达所掌握的知识,而他对众多的说话方式的精通,甚至包括辩证法在内,都总是从属于对爱欲的恰当实践。苏格拉底对斐德若的性格不抱任何幻想。他知道斐德若已被男童恋(ped-erasty)的激情冲昏了头脑,他将阅读任何能够激起这种激情的毫无价值的东西,苏格拉底还知道,倘若他尝试着使他信服爱欲的更高形式之美,那么他很可能不得不运用各种说话方式——任何能够抓住斐德若片刻注意力的方式——来谈论他最感兴趣的事物,并从谈论他们相遇时他正在阅读的那篇文章开始。柏拉图之所以向我们展示苏格拉底精通修辞学、辩证法和诗歌(*poiesis*)的理论与实践,并不是为了取悦或吸引那些和斐德若性情相近的读者。他的这篇对话是为那些有潜质的学生而写的,尤其是那些对普罗塔戈拉,高尔吉亚,波卢斯(Polus)和忒拉绪马霍斯的技艺十分熟

---

① 笔者之所以这么说,并不是要以以下两者之间公认的区别作辩护,即"历史的"苏格拉底和柏拉图,前者不是观念论者,而后者从表面上看似乎是。笔者的意思是,柏拉图并不是观念论者。并不是只有观念论者才可以对知识的类型、思考(intellection)的本质,甚至是理念的本质加以讨论。认为柏拉图主张观念论的假设,现已成为人们普遍认可的一个坚定的学术观念了,这一假设最初由古代的哲学家们提出,他们要早于后来的基督教神学家们,后者对所有哲学的局限性进行了批判,而这一假设则成为了他们批判的基础。这通常在一些解释柏拉图对话的内容中十分明显,这些解释似乎将有关现实的表述,等同于有关对现实思考的表述。以《斐德若》为例,格里斯沃尔德将柏拉图对话中,关于参与到存在的秩序(existential or-der)中的人类灵魂的爱欲的论述,简化成了"自我认识的主题"的一个例子,他说,它描述的是"灵魂在一个'宇宙'或'整全'中的作用,这个'宇宙'或'整全'中最重要的元素就是理念(Ideas)"(《柏拉图〈斐德若〉中的自我认识》,3)。因此,现存的宇宙便被简化成了"整全",即一个形而上学的范畴,它最多只能代表对宇宙的思考;"整全"进而又被简化成了"理念"的集合。照这样来看,不光是《斐德若》,所有其他重要的柏拉图对话,似乎都成了未成文的《精神现象学》(*Phenomenology of Mind*)的已成文且通俗易懂的序言。

悉的学生;事实上,他所做的这一切都是为了直接引起一个人的注
意,即在雅典成功开办了一所修辞学校的伊索克拉底(279b)。
[68]在阅读苏格拉底对修辞术的讨论时,柏拉图会将他们引向辩
证法的实践,通过辩证法,从而使他们远离智术的腐坏的爱欲,继
而转向苏格拉底的哲学生活的爱欲。

　　若要搞清一个更为复杂的问题,即这篇对话两部分之间的
美学关系,则必须首先理解它们主题之间的关系,但这还不够。
这篇对话指引读者达到的目标,是所有人类共同的目标。不一
定只有学习修辞术的人,才能跟随苏格拉底的指引而达到这一
目标。因此,有关爱欲的讨论和有关修辞术的讨论是相互独立
的,假如后者原本是作为对前者的介绍,就算它是众多可能的介
绍中的一种,难道以它为开始不比以它为结束更符合常理吗?
倘若我们认为这篇对话的"有机的统一性"——借用格里斯沃尔
德的话——独立于作为其"重要的整体"的"柏拉图文集",那么
《斐德若》的这一特征,将总会使它的结构显得有些笨拙。换句
话说,《斐德若》不是一篇自给自足的对话;若要理解它的结构和
意义,则必须将其同其他的对话结合起来读。《斐德若》尤其必
须被看成是诗人的作品,除了该作品本身以外,它还涉及诗人的
史诗巨作中的其他插曲。

　　此外,若将《斐德若》严格地当作一篇"对话"来读,那么读者将
无法充分地欣赏它的文学形式。苏格拉底与谈话者之间的对话,
往往会体现出他们彼此之间关系的逐渐变化的特点,也许还会体
现出为了更好地理解他们的主题所取得的一些进展,而这些对话
通常在很大程度上都是柏拉图的意思。但有时却并非如此。在苏
格拉底的对话者中,还从来没有谁能够充分理解他言辞中的含义,
但柏拉图的写作方式会让那些细心的读者,总是很明显地就能看
出它们的意思。苏格拉底的有些对话者比另一些对话者要好,他
们有些在天性上更富有辩证性,而有些则更易于接受他的劝导,他

们在性格上千差万别,智力也高低不一。当柏拉图让苏格拉底同一个不太可能从对话中学到任何东西,[69]或得到任何收益的人进行漫长的交谈时,读者就不应该指望能从他们的对话中发现柏拉图的意思。而应该从他巧妙的写作方式中去寻觅,可能性才更大。

尽管《斐德若》的开场的确美丽动人,但却并不意味着这将是一场有趣的对话。对话以苏格拉底和斐德若的一次偶遇为开始,后者当时正在研究吕西阿斯所写的一篇文章。柏拉图之所以这样做,是为了让读者同时联想到《王制》和《会饮》。吕西阿斯是克法洛斯的儿子,他曾在《王制》的讨论里出现过。但他却在那次讨论的整个过程中都沉默不语,这要么是因为他无法理解苏格拉底的话,要么就是他不愿加入那场谈话,因为他不想让自己深信不疑的观点接受反思和审查。而斐德若则恰好相反,在《会饮》所描述的欢宴上,他十分坦率地发表了自己的观点。他在颂词中说到,爱若斯在无爱欲的(nonloving)同性情伴的专断权力(tyrannical power)中最为美丽。他们两人都没有从苏格拉底的话中学到任何东西。事实上,斐德若几乎没有在意苏格拉底对爱欲所做的论述,以至于他连论述中的第一件事都回忆不起来:在《斐德若》中,他仍将爱若斯视作一位神祇,而非精灵(242d—e;参《会饮》202d—e)。尽管吕西阿斯并未参加那一次的会饮,但他显然听说了那一晚的事,并且他只认真关注了斐德若的讲辞。在《斐德若》开始之前,吕西阿斯写了一篇文章,这篇文章与斐德若那篇一样机智,因此他有理由相信,它将会引起他的注意。他在文章中描述的是,一个好男童恋的有情人如何对一个无爱的同性情伴施展专断的权力。而现在,日渐衰老的同性情伴斐德若已经被它吸引住了。在他和苏格拉底相遇的那个上午,他除了将这篇文章记住之外,再也想不出其他更好的事情去做了。而在他们散步的过程中,苏格拉底究竟能教给斐德若什么东西,可能性小得不容乐观。①

　　[70]当奥德修斯从特洛亚起航返回伊塔卡时,他率领着众多的船只,每一艘都满载了船员和战利品。而当他在费埃克斯人的岛屿边上岸时,却只剩下他孤零零一个人,并且全身赤裸,几乎筋疲力尽。他的所有船只都被摧毁了,所有的同伴都死了,一切都失去了。读到此处,读者们也许会对他的旅程故事有这样的第一印象,即这仅仅只是一系列的不幸遭遇罢了,但荷马讲述这个故事,有着更深远的暗示意义。它象征了奥德修斯在性格和对事物理解上发展变化了。荷马使用了诸多的修辞来标记奥德修斯在精神和智力上的每一次上升,其中最重要的修辞都与其同伴的命运相关。库克洛普斯人波吕斐摩斯将他的同伴成双成对地吃掉,喀耳刻将他的一些同伴变成了猪;若不是喀耳刻事先警告,他们原本还会被塞壬女妖杀害;在奥德修斯力图避开卡律布狄斯时,又有更多的同伴被斯库拉吞食;其他的同伴则愚蠢地吃掉了赫利奥斯(Helios)神圣的牛群,于是便被宙斯的闪电击毙,永远都回不了家。在每一段故事中,他们都必须克服一些困难,然后学到一些东西。并且每一段经历中的一次失败或一个失误,都有可能让人丢失性命。最后只有奥德修斯存活了下来。尽管他只剩下孤身一人,但荷马仍然在用更加微妙的诗歌修辞来象征他内在的发展:他从卡吕普索那里得到的制造木筏的工具、新衣裳、沐浴和净化,以及最终他

---

① 学者们通常将斐德若视为一名有前途的学生,易于听从苏格拉底的教导。但笔者无法想象其中的缘由。在对话中笔者看不出能够证明这一点的确凿证据。例如,哈克弗斯就说道:"斐德若最后所说的话,既简洁又令人感动,我们可以发现,一个原本酷爱那机巧而空洞的演讲术的人,成为了在心灵和思想上都热爱真实的人,即真正的ψυχαγωγός"(《柏拉图的〈斐德若〉》;R. Hackforth, *Plato's "Phaedrus"* [1952;reprint,Cambridge:Cambridge University Press,1972], p. 169)。对观格里斯沃尔德,《柏拉图〈斐德若〉中的自我认识》,页18—25;以及纳斯鲍姆,《善的脆弱性:古希腊悲剧和哲学中的运气与伦理》(Martha Nussbaum, *The Fragility of Goodness: Luck and Ethics in Greek Tragedy and Philosophy*,Cambridge: Cambridge University Press,1987,p. 232)。

邂逅瑙西卡娅时的爱欲。

　　奥德修斯的每一个同伴都有自己无法克服的局限。苏格拉底的每一个对话者也是如此。在柏拉图对话中,由于灵魂在沿着一条上升之路行进时中途沉落,这条路唯有真正的哲学家能够走完,于是柏拉图便经常以此来给灵魂的类型排序(参《斐德若》248d—e)。尽管在不同的对话中,排序的细节会略有不同,但它们的范围都是从僭主和智术师到哲学家,并且它们都与苏格拉底用来评判对话者的标准有直接联系。柏拉图在所有对话中所重新塑造的《奥德赛》的修辞,[71]通常都会有意地暗示以下两者之间的共同点,即苏格拉底与不同类型的人相遇时的环境,和奥德修斯失去同伴的插曲中的氛围。然而我们不能光靠类型学来对一个人物进行评判。与其说这是对人物的类别和等级所进行的判别,倒不如说这是对他们发展的潜质所做出的评判。我们必须知道,灵魂是不断运动变化的,而非静止的。奥德修斯努力地带领他的同伴们通过一次次的考验,柏拉图也总是让苏格拉底努力地引导他的对话者走向哲学的生活。柏拉图想让我们将与他相遇的所有对话者,都视为我们的人类同胞,尽管我们可以从其文本的文学特征中得知,我们能对他们期待的是多还是少。苏格拉底对以下这类学生尤为慷慨——对智识之事感兴趣的年轻人,因此他们往往容易犯最严重的错误。以蒂迈欧为例:他就是一个有识之士,由于在运用毕达哥拉斯的宇宙论学说时出了错,因而陷入了克里提阿的库克洛普斯的血盆大口(Cyclopean maw)中,但只要他听从苏格拉底的劝告,还是有同等的几率可以从中受益的。

　　然而不可否认的是,苏格拉底的对话者们彼此之间存在显著的差别,在他不得不与之对话的人中间,有些甚至根本不是他的同伴。但斐德若却完全得另当别论。在柏拉图的文学戏谑性(playfulness)受到了一丝启发后,他便让苏格拉底和他最无望的对话者之一斐德若相遇时的场景,以《奥德赛》中的如下片段为基础,即奥德

修斯和拯救他的神女般的瑙西卡娅相遇时的场景。这样做的目的
显然是为了营造一种谐剧效果。此外，斐德若还被塑造成了一个具
有讽刺意味的角色。在《会饮》中，正是斐德若的俊美容貌，致使与
会者纷纷颂扬爱若斯，阿伽通为人们所熟知，他创作的肃剧获得了
头奖，因而举行了那一晚的会饮，这两人——在当时——是最受雅
典人喜爱的两个人。人们喜爱最美和最好的事物，这固然正确，但
柏拉图让苏格拉底说到，然而他们却误把表象当成了现实，因而错
置了自己的爱：斐德若外在的美和阿伽通空洞的言辞，完全远离了
美本身和好本身。[72]在《斐德若》中，柏拉图继续让斐德若扮演相
同的角色。神圣的瑙西卡娅出现在了这篇对话中，但扮演她角色的
人，却与她的性格和实质全然不符；他只是在走过场，如同她的幻影
一般完成了这个角色。为了将斐德若表现成这样一个人物，柏拉图
准许自己自由发挥。① 苏格拉底和斐德若的对话几乎完全没有体
现对话的意义。柏拉图巧妙地重新塑造了荷马的修辞，好让苏格拉
底看上去仿佛是独自完成精神上的旅行并回归故乡；于是这便成了
一部在感情上异常"现代"的文学作品，而作者对背景、情节和对话
的运用，也使得读者在一接触到它时便能一目了然。

　　尽管对于《斐德若》、《蒂迈欧》和《克里提阿》而言，读者的第一
印象或许会集中在它们之间的差异上，但它们的相似之处也十分
明显，即它们古怪的创作形式。《蒂迈欧》和《克里提阿》似乎有些
杂乱无章。对话的开场预示着很好的前景，并与《王制》相互联系，
但接下来便开始对各种话题展开一系列的讨论——克里提阿的回
忆练习，蒂迈欧的宇宙论和克里提阿有关讲述智术故事的理论与

---

① 有时候，柏拉图会巧妙地使对话变得趣味横生。在后来的对话中，发生了一个有趣
　的转变，苏格拉底提到了荷马史诗中的人物，柏拉图让斐德若对苏格拉底的角色分
　配产生了质疑。他怀疑苏格拉底"说的涅斯托尔，指的是高尔吉亚；说的欧立塞斯，
　指的是特拉叙马库斯，或是忒俄多洛斯"(261b—c)。这个想法是没错，但名字弄错
　了。于是苏格拉底转移了话题。

实践——这些话题在整个对话的流程中,彼此之间并没有形成一个整体:克里提阿和蒂迈欧从头至尾都未能吸引住苏格拉底。《斐德若》精炼优美的文学表现形式下,似乎也同样缺少章法。它富有吸引力的开头所暗示的统一性,远比他们所讨论的话题顺序更富有一致性——斐德若回忆吕西阿斯的文章,苏格拉底在翻案诗中论述宇宙论,以及对修辞术进行总结讨论。作为一位对话者,斐德若也未能吸引住苏格拉底,[73]尽管他们在谈话的过程中,曾彼此友好地相互妥协。

    苏格拉底有些言论的确常常看起来与《蒂迈欧》和《克里提阿》更加相关,而不是与他和斐德若的讨论的发展相关。苏格拉底在一段概括中说明了伯利克勒斯和阿那克萨哥拉(Anaxagoras)往来的原因——他说,如今掌握修辞艺术"需要能够对本质(nature)进行一番和宇宙论有关的无聊的唠叨(*meteorologias*)"(《斐德若》269e)①——这段讽刺的概括就算不是一番饱含蔑视的评论,即对克里提阿和蒂迈欧交好,为的是更方便吹嘘自己是他所处时代的梭伦,那又会是什么呢? 苏格拉底所回忆的忒伍忒(Theuth)和塔穆斯(Thamos)的故事(274c—275b),给斐德若留下了深刻的印象,以至于他说道,"你制作言辞真轻松呃,苏格拉底,什么埃及的或者随便哪个地方的——只要你愿意[制作]"(刘小枫译文),苏格拉底讲述这个故事的意义又何在呢? 难道它那巧妙的手法、诗般的典雅和简洁的文风,还不足以使克里提阿声称的那个回忆出来的埃及的故事成为笑柄吗? 甚至还有苏格拉底在翻案诗中所述的爱欲的宇宙论:蒂迈欧对《王制》结尾故事中的宇宙论予以了轻蔑的驳斥,他不假思索地向苏格拉底提出了建议,即物理学才是最高

---

① 笔者在此语境中将 μετεωρολογία 译作"和宇宙论有关的唠叨",是采纳了格斯里的建议。有关他对这一措辞所做的论述,参《希腊哲学史》(W．K．C．Guthrie,*A History of Greek Philosophy*,Cambridge:Cambridge University Press,1986,4: 431—33)。

的哲学探询,那么苏格拉底的爱欲的宇宙论,不就是对此所给出的明确的答复吗?①《斐德若》中的大部分内容,都仿佛是在论述如下事物,即苏格拉底原本要对克里提阿和蒂迈欧所说的事物,若不是他认为礼貌地保持沉默更为适宜的话。

　　柏拉图对话在结构上的相似之处,和在文体与实质上的差异,都归结于如下原因,即它们的文学形式来源于同一个源文本。[74]在《奥德赛》中,柏拉图用来作为重新塑造《蒂迈欧》和《克里提阿》的基础场景,同样也是重新塑造《斐德若》的基础。《蒂迈欧》和《克里提阿》延续了《王制》中关于哲学和政治的探讨,但却破坏了其本意,以至于它到最后已变得与克里提阿的雅典和亚特兰蒂斯的智术故事中所体现的专断的爱欲别无二致了;为了体现这一下降,柏拉图重新塑造了《奥德赛》中的如下修辞,即奥德修斯在回归时所遭遇的重重阻碍以及费埃克斯人较之必须离开他们的英雄而言相对次要的地位。《斐德若》也延续了《王制》中的讨论,并通过"爱欲的辩证法"使之朝着《法义》中的政治哲学发展;为体现这一上升,柏拉图又重新塑造了荷马的如下修辞,即费埃克斯人认出了奥德修斯并十分喜欢他,还向他提供帮助送他归国。柏拉图在后一篇对话中所使用的修辞,包含了前一篇对话中所使用的修辞,二者有重叠的部分。《克里提阿》的结尾影射了波塞冬为报复费埃克斯人而将其淹没的典故,而《斐德若》的结尾,则暗示了奥德修斯最终幸免于波塞冬的愤怒,成功抵达伊塔卡海岸的故事。《斐德若》的结尾实现了其开头所做的承诺,这不禁使人想起在险些溺亡的

---

① 几乎没有评论家敢将《蒂迈欧》和《斐德若》中有关宇宙论的叙述进行比较,并且几乎所有的评论家都更为欣赏《蒂迈欧》的科学严谨。伯纳德特说道:"我们可以根据《斐德若》猜测,苏格拉底在思考一种新的因果关系,即说服术,它与任何已知的有效的因果关系都不同,并且不具有理性;他显然不像蒂迈欧那样好奇猜测,后者声称在宇宙范围内发现了必然的说服术"(Seth Benardete, *The Rhetoric of Morality and Philosophy: Plato's "Gorgias" and "Phaedrus"*, Chicago: University of Chicago Press, 1991, p. 182)。

奥德修斯上岸后,筋疲力尽的他从瑙西卡娅那里得到的欢迎和慰藉。瑙西卡娅和奥德修斯之间的关系,比拉俄达马斯对奥德修斯的挑衅行为,更能代表费埃克斯人真正的品格,后者的修辞被柏拉图重新塑造在《蒂迈欧》和《克里提阿》中。

《斐德若》中对爱欲的探讨(230e—257b)和对修辞学的探讨(257b—279b)几乎占有同等的比重。这两部分由一段插曲相连接,即苏格拉底对正午大热之时的蝉鸣所做的思考(258e—259d)。这段插曲将读者的注意力转移到了田园诗般的环境中,对于此番景象,柏拉图让苏格拉底在对话的导言部分就将其描述了一遍(227a—230e),并且它的出现要早于苏格拉底用来结束对话的向当地神灵们所做的祷告(279b—c)。许多评论家认为,柏拉图反复提到乡村的景色,即苏格拉底和斐德若谈话的所在地的特点,尽管具有吸引力,但却始终未能赋予这篇对话迥然不同的主题一个统一的文学形式。[75]然而,一旦注意到柏拉图在创作这部作品时所使用的荷马的源文本,我们便会发现,对于柏拉图而言,河流、树木和蝉不仅仅是如画般美丽的背景中的元素而已。这篇对话的环境描写是柏拉图最令人信服的诗歌成就之一,同时也最为直接地象征了这篇对话主题的统一性。

由于柏拉图对《奥德赛》的重新塑造有着不同程度的普遍性和意义,因此我们便可以在某种程度上利用考古学的研究态度,来分析《斐德若》的文学结构和创作。① 柏拉图以《奥德赛》卷六中的修

---

① 格里斯沃尔德认为,在柏拉图对话中,我们不可能"找到能够告诉我们怎样解释神话象征的解释理论(例如与结构主义理论相似的理论)"(《柏拉图〈斐德若〉中的自我认识》,页142)。或许这样说更为合适,即,柏拉图在每一篇对话中都告诉了我们这样的理论,但他并没有现成地将它展示给我们。笔者认同德里达对《斐德若》的解释中所说的第一句话:"如果一篇文章的创作规律和游戏法则,能被它的首位读者一眼就看出来,那么这便算不得是一篇文章。"仅此一句,再无其他。接下来他所说的便完全是他的一己之见了:"此外,任何一篇文章都永远不能被他人所理解"(《柏拉图的药》,页63)。笔者对《斐德若》进行的"考古"分析,就是想尝试揭开柏拉图游戏的结构规律及法则。

辞作为开始,即描写奥德修斯和瑙西卡娅相遇的一系列修辞,并使之成为这篇对话的主要特征:背景环境及其意义,苏格拉底与斐德若的关系,斐德若同吕西阿斯和吕西阿斯的文章在这之前的关系,苏格拉底的两篇讲辞,包括作翻案诗的需要和翻案诗的内容,以及苏格拉底作为结束的祷告。因此,柏拉图就是在这样的基本结构上进行创作的,为了对其进行补充,他还加入了《奥德赛》插曲中的其他几个系列的修辞,这些插曲在他看来与卷六中的场景相关,因为荷马经常反复地使用相同的象征和意象模式。首先,由于斐德若和吕西阿斯之间的爱欲,与苏格拉底的爱欲全然不同,后者类似于奥德修斯和瑙西卡娅的关系,因此柏拉图将荷马的故事场景稍作修改,以使净化后的爱欲,成为斐德若表示必须要追求的目标,并通过在改写时,加入奥德修斯和德摩多科斯的关系的修辞,从而体现苏格拉底与斐德若之间的差异:[76]当苏格拉底在模仿吕西阿斯做文章时,他羞愧地遮住了面庞,这一举动着实引人注目,但当他做翻案诗时却并不遮掩。然后他们便开始探讨修辞术。《斐德若》中关于爱欲的探讨,在很大程度上都是通过重新塑造荷马的修辞创作的。而关于修辞术的讨论,则与同时期更为流行的话题相关——例如高尔吉亚和忒拉绪马霍斯的智术技艺——这些话题的细节较难以通过意象和象征来进行重新叙述;然而,柏拉图还是将这部分讨论置于荷马意象的框架中。在《奥德赛》卷五中,奥德修斯离开卡吕普索的岛屿的场景,加之作为补充的《伊里亚特》和《奥德赛》中的几处相关文本,被柏拉图重新塑造后,用以呈现对辩证法的论述,即苏格拉底用来衡量修辞技艺的方法。最后,关于修辞术的讨论部分和关于爱欲的讨论部分,通过一段插曲,即苏格拉底对蝉的描述被连接起来,这段插曲是柏拉图以如下故事为基础而进行的重新塑造,即《奥德赛》卷十二中,奥德修斯和塞壬女妖相遇的故事。

　　修辞技艺从属于真正的辩证法实践,然而,对于柏拉图而言,辩证法的技艺又从属于对爱欲的恰当实践,通过诗歌的象征来体现爱欲的上升的最高体验,与通过对话散文的形式来体现一样容易。为了体现诗歌(*poiesis*)的首要地位,柏拉图将辩证法的技艺——划分(*diairesis*)与综合(synagoge)——以一种不同寻常的方式运用在《斐德若》的创作中。爱欲将事物聚集在一起,而修辞术至多只能对事物进行分析或区别:综合与划分。柏拉图将《斐德若》中对爱欲的讨论部分,以奥德修斯和瑙西卡娅相遇的场景为基础。然而在重新塑造荷马的修辞时,他将最重要的修辞之一分成了两个部分来写:怀揣着两种心情的奥德修斯对瑙西卡娅所说的第一番话,变成了苏格拉底所做的两篇关于爱欲的讲辞。接下来,通过重新塑造奥德修斯离开卡吕普索的岛屿的场景,柏拉图将《斐德若》中关于修辞术的讨论部分,与之前的部分划清了界限。然而在这样做的时候,他将这些场景同其他一些与之截然不同的插曲组合在一起,从而形成了一个修辞:苏格拉底对真正的辩证法家所进行的描述(266b—c)。当对话的焦点集中在爱欲的“综合”时,柏拉图对荷马紧密的修辞进行了划分,以使主题变得更加清晰;当焦点变为修辞术的“分析”时,柏拉图则将荷马已经区分好的修辞又综合起来,[77]从而突出主题。在柏拉图的生花妙笔之下,辩证法的技艺完全服务于诗歌。在他创作的苏格拉底对蝉所进行的描述中,即用来衔接关于爱欲和关于修辞术的讨论,既没有体现综合,也没有体现划分。柏拉图将荷马的诗歌直接重新塑造成自己的诗歌,这样做的目的仅仅只是为了使文章变得优美。

当瑙西卡娅和她的女仆们来到海边的河畔洗衣服时,筋疲力尽的奥德修斯正处于酣睡中;饱经风霜的他钻进了一堆枯叶里,这是他唯一能找到的栖身之处。由于乔装后的雅典娜托梦于瑙西卡娅,向她预言了她的婚姻,于是她便将哥哥们华丽的衣物拿去海边清洗。女仆们的嬉闹声吵醒了奥德修斯,当他从树丛中出现时——满面倦容,浑身被海盐覆盖,并且仅用一根树枝遮蔽着赤裸的身体——所有人都被他吓跑了,感到害怕也是情有可原的:所有人,除了勇敢的瑙西卡娅。奥德修斯以一位乞援人的身份向她说了一番措辞谨慎的话,这番话既体现了他已敏锐地觉察到了处境的艰难,又表达了见到她时的惊异之情,瑙西卡娅慷慨地给予了他所需要的一切:先是沐浴,涂抹香膏,穿好衣服,然后享用了食物和美酒;此外瑙西卡娅还向他承诺,费埃克斯人将协助他归国。尽管瑙西卡娅非常钦佩这位异乡人,并被他深深吸引着,他的出现应验了她梦中的预言,但她还是给他提出了很好的建议,告诉他应该怎样接近阿尔基诺奥斯和阿瑞塔才能受到友好的接待,并得到帮助,就如她所承诺的那样。在瑙西卡娅返回宫殿时,她驾驶着骡车,奥德修斯跟着她走在后面,并始终与她保持着一段距离。在入城之前,奥德修斯先躲藏在雅典娜的圣林中,向女神祈祷。

　　这段插曲的形式和细节,在柏拉图《斐德若》的创作中有明显体现。奥德修斯和瑙西卡娅在费埃克斯人的城邦外相遇,这样的背景环境具有宇宙中心意义,该意义是荷马笔下奥德修斯的萨满之旅故事中的一个修辞:首先是在河边,即在奥德修斯的木筏被波塞冬的巨浪摧毁后,宙斯让奥德修斯经由上岸的河流,然后便转移到了圣林。类似地,苏格拉底和斐德若也在城外相遇,[78]并沿着伊利索斯河散步;柏拉图对这一背景环境的描写之所以如此富有魅力,很大程度上就在于其文学根源来自于美丽迷人的费埃克斯海岸及其城外风光。瑙西卡娅做了一个梦之后便去往了河边,在梦中,雅典娜伪装成了她的一个女伴,并指示她应该怎样为自己的婚事做准备;在同一天的早晨,瑙西卡娅还将梦中的部分内容告诉了她的父亲。类似地,斐德若也在得到了吕西阿斯写的文章后前往河边散步,而吕西阿斯实际上是一个将自己的爱欲意图伪装起来的朋友;当撞见苏格拉底的时候,他正在反复地研究这篇文章,并将它背了下来。奥德修斯对瑙西卡娅所说的第一番话具有两层含义:尴尬的处境使他不得不说一些狡猾的奉承话,这样似乎显得有些圆滑,但这些话同时也是他的一番真情流露,瑙西卡娅的出现着实让他产生了敬畏和尊敬之情。在《斐德若》中,奥德修斯怀着两种心情所说的一番话,被分成了苏格拉底所做的两篇讲辞:第一篇讲辞是模仿狡猾的吕西阿斯的文章所做的;而在第二篇讲辞中,他真实地,或者说尽一个人类所能做到的最真实的程度,讲述了爱欲的奇妙之处。在对瑙西卡娅所说的话中,奥德修斯责怪神灵让他受尽折磨。这番渎神之言通过两种方式得以纠正:一是瑙西卡娅直接指正了他,二是通过在河中沐浴,涂抹香膏,穿上新衣,雅典娜令他变得容光焕发,他才得以洗除罪过。类似地,苏格拉底的第一篇讲辞也不外乎是对神灵的亵渎,因此他也必须净罪才行。当他走在河中时,他听到一个声音叫他忏悔认错。于是他便在翻案诗中坦白地承认了自己的过错,他谈到了灵魂的奥秘——其中包括重生——并对爱若斯做了忏悔的祷告。奥德修斯在净罪后,便去往了雅典娜的圣林,在那里,他祈祷自己能够成为被费埃克斯人爱戴和怜悯的人。在《斐德若》的结尾,苏格拉底在回家之前向潘神(Pan)做了祷告,[79]他祈求自己的内在物与身外物能够保持和谐。

因此,对话的基本结构的修辞便再清楚不过了:首先是对话的场景设置,斐德若阅读并讨论吕西阿斯的文章,对应瑙西卡娅遵照梦中的指示行事;苏格拉底模仿吕西阿斯的文章,对应奥德修斯言辞中的一层意思;渎神与净罪,苏格拉底在翻案诗中的认错,对应奥德修斯言辞中的另一层意思;最后,是结尾的祷告。在改写的过程中,柏拉图还做了几个关键性的改动,但这些改动都符合他对荷马文本的理解,而且这样做的目的,是为了在苏格拉底式对话的文学形式中重述这一理解。

《奥德赛》中的象征十分紧密且由多重因素决定。其萨满教的和宇宙中心的意象,通常难以与其关于性的和生殖器的意象区别开来;其宇宙论的象征也难以与其地理描述相区分,不同意义之间的对称性似乎也从未受到怀疑。柏拉图将荷马编织的意象拆散，然后将它们编织成了一个更加精密的新意象。他所做的最明显的一个改动就是他对如下修辞所做的重新塑造，即奥德修斯对瑙西卡娅所说的一番话，他使其成为了由苏格拉底分开所做的两篇讲辞。倘若这一改动能够表明柏拉图认为这番话具有两层含义，那么此番改动便是有意义的。然而，它也同样有助于柏拉图对荷马意象的重新塑造，因为它使他能够将几乎所有与此插曲有关的宇宙论的和宇宙中心的象征，全部体现在翻案诗中。结果，苏格拉底和斐德若的相遇就变得更平淡也更自然了。他们谈话的背景环境保留了一些本来的象征意义，但斐德若却无法与瑙西卡娅相比。对于斐德若的角色分配，柏拉图打破了正常的模式，这便导致文本的结构发生了进一步的变动：对于瑙西卡娅所做的梦和她遵照梦的指示行事的修辞，柏拉图将其叙事的顺序做了稍许调整，在《奥德赛》中，这一修辞出现在相遇之前，而在《斐德若》中，则出现在相遇之后。这主要是形式上的一个变动，并且顺应了翻案诗发展的需要，但这同时还体现了瑙西卡娅和斐德若在爱欲方面的差异。许多关于瑙西卡娅的超验本质（transcendent nature）的文学象征[80]——她与雅典娜的关系，即便只是在梦里，她与阿尔忒弥斯（Artemis）的相似，她去往河边以及乘坐骡车回城，她在河边玩球，以及她作为费埃克斯国王的女儿的重要性——都在翻案诗中被加以重新塑造，而它们都与斐德若在对话中所扮演的角色没什么干系。

　　我们最好将《斐德若》的引言部分（227a—230e）视为整篇对话的序曲。在现代的管弦乐序曲中，一个作品最重要的主题往往会在开头予以简述。类似地，柏拉图也将对话中主要的修辞系列做了一次陈述，此番陈述甚至出现在斐德若朗读吕西阿斯的文章之前。苏格拉底在去往河边的路上遇见斐德若之后，将自己十分了解斐德若的害羞心理说了出来（228a—c）；正如奥德修斯在遇见瑙西卡娅时,他也理解瑙西卡娅言行中的犹豫和勇气一样。苏格拉底请求看看斐德若藏在衣襟下的那篇文章(228d—e),正如奥德修斯的话引出了瑙西卡娅梦中隐藏的心思一样。[①] 斐德若还提到,他们沿着散步的这条河流,似乎是一个很适合女孩子玩耍的地方(229a—b),这便照应了瑙西卡娅和她的女仆们玩耍的情节。同时斐德若还好奇波瑞阿斯(Boreas)是不是真的在这里掳走了俄瑞提亚(Oreithyia),苏格拉底告诉他不是(229b—d);这就好比瑙西卡娅和她的女仆们很可能曾以为赤裸的奥德修斯想要拐走她们,而她们的疑虑也在听完了奥德修斯的一番话之后打消了。斐德若提议再沿着河流继续朝前走,一直走到一棵梧桐树底下,两人可以在那里交谈;同样地,瑙西卡娅吩咐奥德修斯跟着自己去往雅典娜的圣林。当他们俩来到树底下,苏格拉底说斐德若使他变成了一个饥饿的动物,只要拿着一根胡萝卜或是一缕青草在它眼前晃一晃,它就会跟着他走(230d);类似地,奥德修斯也发生了转变,他原本像一头慢慢逼近猎物的狮子,[81]最后却温顺地跟随瑙西卡娅的骡车来到了圣林。

苏格拉底对波瑞阿斯劫掠并强暴俄瑞提亚的神话故事(229b—230a)所做的简短的评语,是学术评论经常谈及的一个话题,他后来讲述的忒伍忒和塔穆斯的埃及故事(274c—275b)也是如此。人们认为这个故事可以使我们略微窥见柏拉图对古代神话的理解,因此,它便成为了分析对话本身意象的全部解释学学术技巧中的一个部分。苏格拉底还说到,可以随大流地看待这个故事,即北风

---

①　苏格拉底要求看斐德若藏在衣襟下的东西,这明显具有性暗示的意味(参《卡尔米德》155d),但这样做的目的显然是为了达到一定的谐剧效果。柏拉图的这一意象在某种程度上是以荷马的这一段描写为基础的,即奥德修斯试图用一根树枝遮盖自己的生殖器。然而斐德若握在手上的是书卷。有人好奇为什么没有人从复杂的解构主义角度入手对如下关系详加探讨,即逻各斯中心主义与阴性中心主义(phallocentrism)在柏拉图的形而上学中的关系。

神波瑞阿斯在山崖边刮起一阵风,让俄瑞提亚跌死了;并且他还说到,他没时间将所有的古代神话逐一检验,然后替它们提供可能的理性解释,这不仅是因为它们数目庞大,而且他一直都忙于完成德尔斐神谕的那句忠告,即"认识你自己"(gnōthi sauton)。倘若我们对此只是一知半解,将苏格拉底的这番评语看成是"讽刺",那么我们可以毫不费力地得出结论,苏格拉底——尽管他予以否认——十分愿意"展示智术"(sophizomenos,229c),并且当我们试图将柏拉图对话中的理性内容与其文学形式分开时,也应该这么做。柏拉图有时会让苏格拉底说一些毫无吸引力的直白话,有时甚至会让他讲一些差劲的笑话,但他却从未让他无缘无故地做这些事。在这段文字中,斐德若渴望听一听使之合理化的智术解释,但苏格拉底讽刺了他,也直白地回绝了他;我们不能因此咬定,这番讽刺体现的是他难以隐藏的智术才智。并且这也不能表明柏拉图是在对《斐德若》的意象进行合理化的解释。就算如此,那也应该恰好相反。在重新塑造《奥德赛》中的意象时,柏拉图技巧娴熟地穿插使用着这个古老故事中的意象,将其编织成了一个新的意象,并邀请读者们去欣赏它的样式。

波瑞阿斯是神祇,俄瑞提亚是凡人。因此,波瑞阿斯的绑架使俄瑞提亚离开了人类世界,同时也离开了她的父亲,即雅典国王厄瑞克透斯(Erechtheus)一家人。这部分内容与以下片段虽性别相反,但情节尤为相似,即奥德修斯被困在卡吕普索的岛上,无法返回人类世界和他的家庭与王国。在俄瑞提亚被绑架后,[82]她便成了两个孩子的母亲,卡莱斯(Calais)和泽特斯(Zetes),他们都长着翅膀,并以一种不同寻常的方式将他们父母的特征结合起来。神祇与凡人的结合,尽管看上去令人想往,但倘若被迫结合的双方拥有完全相反的本质,那便会产生意料之外的结果。在《奥德赛》中,奥德修斯在宙斯的帮助下,拒绝了卡吕普索赐予他虚假永生的诱惑——正如他曾拒绝了塞壬女妖答应赐予他的永生一样——因此他便得以逃脱提托诺斯(Tithonos)的命运。提托诺斯是一个凡人,他希望能与厄俄斯(Eos)永远在一起,结果他虽得了永生,却无法永葆青春,因此,他不断老去,直到变成了一只蝉,他的命运简直和被丢弃在塞壬女妖岛岸上的白骨一样糟糕。在苏格拉底回答斐德若提出的问题时,即波瑞阿斯和俄瑞提亚的故事是否真实,他说自己还没有聪明到可以对神话人物的意义进行解释,如长着翅膀的飞马(Pegasuses)。然而在翻案诗中,他却对其做了很好的解释。苏格拉底利用古代神话的意象,将人类的爱欲描述成灵魂羽翼的再生。他的这番话不仅是对成千上万的神话人物所进行的解释,包括波瑞阿斯和俄瑞提亚的两个长翅膀的儿子,并且还说明了一点,即习惯将凡人世界与神祇世界划分开来的古代神话的象征,并不一定与对爱欲的着魔本质的理解互不兼容。苏格拉底在编造自己的故事时,尽管他甚至已经超越了古代故事的局限性,但他仍然揭示了它们所包含的真实。并且他在做这一切的时候,有如奥德修斯一样从容优雅,游刃有余;后者看似平淡地叙述着自己的旅途经历,但他的讲述超越了德摩多科斯的歌曲,并且没有对这位费埃克斯诗人造成任何冒犯。

柏拉图重新塑造《奥德赛》以使苏格拉底成为新的奥德修斯,这一点在如下场景中体现得最为明显,即结束《斐德若》引言部分的迷人场景。① 苏格拉底提到,将头枕在这片草地上将是一件多么惬意的事,他在这番话中将自己形容成了一位异乡人(xenos),

---

① 有关对该场景的重要性的深入探讨,请参克莱《苏格拉底对潘神的祷告》,刊于《大角星:献给诺克斯的希腊研究文集》,鲍尔索克等编(Diskin Clay, "Socrates' Prayer to Pan"in *Arktouros: Hellenic Studies Presented to Bernard M. W. Knox*, ed. G. W. Bowersock et al. ; New York: de Gruyter, 1979, pp. 345—53);多特《柏拉图〈斐德若〉中的意象与哲学》,刊于《哲学史杂志》(Kenneth Dorter, "Imagery and Philosophy in Plato's *Phaedrus*", *Journal of the History of Philosophy* 9 (1971): 279—88);以及维切利《柏拉图〈斐德若〉中的场景》,刊于《不死鸟》(R. E. Wycherley, "The Scene of Plato's *Phaidros*", *Phoenix* 17 (1963): 88—98)。

[83]并感谢斐德若这位绝佳的向导带他到这样美的郊外。对于苏格拉底竟从不曾出过城的事，斐德若表示十分诧异，但苏格拉底为自己辩解到，他是一个"好学之人"（*philomathēs*），树木和郊野不能让他学到任何东西（230c—d）。听从皮媞亚（Pythian）的那句简单的忠告——"认识你自己"——似乎便意味着不可和树木说话。然而，在后来的对话中，苏格拉底说，人们可以从树木身上学到东西，比如位于多多那（Dodona）宙斯神庙处的橡树——倘若它能道出真理的话——那么便无需去追问一棵树如何能开口说话（275b—c）。真正要紧的是那棵树，以及我们可以从这棵树学到的东西；并且倘若这样的事情能有什么技巧可寻的话，那么苏格拉底似乎已经从奥德修斯身上学到了。

人类在本质上并不是一个完全自给自足，独立自主的实体。若要了解某人自身，就必须了解这个人参与到存在的秩序中去的方式，即超越了此人的特殊性和个人存在的秩序。一个人还可以从他人那里学到东西，如果后者本人不在的话，那么就从他们的著作中学习。奥德修斯在他著名的世界之旅中，见识到了不同人类种族的城邦和思想（1.1—5），但荷马却不需要周游世界就能写出奥德修斯的旅行故事。类似地，苏格拉底也只需要了解关于奥德修斯旅途的叙述，便能够学到奥德修斯所学到的和诗人所知道的。他说，只要有这一类的文章在手，斐德若就可以引诱他走遍阿提卡（Attica）或其他任何地方（230d—e）。① 通过阅读《奥德赛》，人们可以使它成为自己的内在之物，或将其旅行故事变为自己的精神之旅。所有的读者都知道这是怎么一回事，即便他们无法用语言表达出来。基于这种基本经验，荷马将奥德修斯的远游，呈现为他在沿着宇宙中心的道路上所进行的精神之旅。而基于荷马的著作，柏拉图又使苏格拉底将这些宇宙中心之旅变为自己的内在之物，从而揭示了苏格拉

---

① 　注释者在读到《奥德赛》3.121时回想到了《斐德若》230d—e。

底遵循德尔斐的劝告去认识自己的方式。在柏拉图重新塑造荷马文本的过程中，[84]苏格拉底的灵魂独自行走在宇宙中心的道路上。而做到这些，并不需要亲自出国。

在《斐德若》中，翁法洛斯是一个时常出现的统领全文的意象。它不仅体现在一些特定的文段中，并且还体现在了翻案诗明确的萨满意象中；更确切地说，它贯穿全文，存在于对话戏剧的每时每刻。梧桐树：柏拉图将荷马源文本中所有的宇宙中心的意象都用到了，并将它们组合起来形成了一个突出的意象，这个意象被戏称为柏拉图树（*platanos*）。苏格拉底和梧桐树：奥德修斯和提洛岛（Delos）的棕榈树，奥德修斯和活像这棵棕榈树的瑙西卡娅（6.161—169），奥德修斯和白杨树圣林（6.291—296，321—328），奥德修斯和卡吕普索的赤杨树，白杨树和"高至天宇"（*ouranomekes*）的松树（5.238—240），奥德修斯和帮助他躲过塞壬女妖杀害的松木桅杆（2.424，15.289），奥德修斯取代了倚柱而坐的德摩多科斯，奥德修斯和伊塔卡海岸附近的橄榄树（13.372—373）。① 所有这些都合成了一个意象。

在梧桐树附近还有一颗阿斯克勒庇俄斯（Asclepius）的圣柳树，据说阿斯克勒庇俄斯拥有萨满法术，能够治愈病人还能让人起死回生。在《斐德若》中，柏拉图之所以让柳树位于梧桐树旁，是为了让读者想起《斐多》中苏格拉底最后的遗言（118a）。②

———————————

① 对观西格尔，《费埃克斯人与奥德修斯回归的象征》，页45，页62注31，页63注41。
② 在《听蝉：对柏拉图〈斐德若〉的研究》中，费拉里认为，《斐德若》中的树，与阿斯克勒庇俄斯派（Asclepiad）的希波克拉底（Hippocrates）的著名的梧桐树之间有联系（16—17）。苏格拉底能够治愈灵魂，正如希波克拉底能够治愈身体一样。然而，关于药（*pharmakon*）的不明确性的探讨则更加击中要害，参德里达，《柏拉图的药》，页70以下；以及克罗波西，《柏拉图的〈斐德若〉和柏拉图的苏格拉底》，见《政治哲学和政治学议题》（Joseph Cropsey, "Plato's *Phaedrus* and Plato's Socrates", in *Political Philosophy and the Issues of Politics*, Chicago: University of Chicago Press, 1981, pp. 238—40）。

　　斐德若无法领会自己看到和听到的事物中所隐含的奥秘,并且他似乎也不是个研读过荷马的人。他在戏剧中扮演自己的角色时,完全沉溺于吕西阿斯那篇低俗如抹布的文章所蓄意激起的幻想,其中包括对男童恋的欲望,腼腆的举止和可想象的抽象情景(manipulative abstraction)。因此,[85]苏格拉底更希望斐德若将吕西阿斯的文章读出来,而不是表演出来,也就不足为怪了。

　　在柏拉图从《奥德赛》里引用的主要的修辞系列中,斐德若和吕西阿斯的文章之间的关系,对应的是瑙西卡娅和雅典娜使她做的梦之间的关系。吕西阿斯出现在了他所写的文章中,在浅显的伪装下,他在写作中透露出了自己的意图。类似地,雅典娜也出现在了她产生的梦境中;然而,她对瑙西卡娅的意图却并无任何不光彩之处,尽管这些意图和她本人一样都伪装了起来。最卑贱的男童恋爱欲,即便身着世俗的光辉,仍与处子对受神灵祝福的婚姻的向往有着天壤之别——尤其是在如下情境中,即这个处子在遇见她的凡人眼中,本身就是超凡脱俗的光辉的化身。吕西阿斯对男童恋的有情人的权利所进行的描述,完全让斐德若着了迷;对于他自己作为无爱的同性情伴所拥有的权利而言,这种权利或许更大。瑙西卡娅以另一种方式与强大的、历来被视为无爱的神灵联系在了一起:即雅典娜和阿尔忒弥斯,并且瑙西卡娅被说成与后者相似。阿尔忒弥斯的确从不为爱欲所动,处子都死于她的箭下。然而在荷马的故事中,阿尔忒弥斯是一位神祇,而瑙西卡娅只是近似神祇。

　　在柏拉图重新塑造源文本的过程中,他对阿尔忒弥斯的神性,与她从表面上看似乎是没有爱欲的本质进行了区分。阿尔忒弥斯的神性和瑙西卡娅所分享的神性,这两个象征重新出现在了翻案诗中,留给吕西阿斯和斐德若的戏份则又少又不令人满意。但二者在形式上还是一致的,斐德若在朗读吕西阿斯的文章时所产生的爱慕之情(234d),与雅典娜给瑙西卡娅心中注入的勇气相对

应;苏格拉底不知该如何向斐德若评价这篇文章(235c—d),这种
为难的心理与奥德修斯不知该如何向瑙西卡娅开口才最为适宜的
窘迫心理相对应;斐德若向苏格拉底提出轻蔑的挑战,让他作一篇
胜过吕西阿斯的文章(235d),与瑙西卡娅惊讶地发现,奥德修斯
外表粗野,完全与梦境给予她的期望相去甚远相对应;斐德若发
誓,倘若苏格拉底能够做出一篇比这更好的文章,他就在德尔斐九
位执政官(nine Archons)的金像旁边,为苏格拉底和他自己各铸
一尊金像(235d—e),这与奥德修斯只要能满足瑙西卡娅的期望,
他便有可能成为费埃克斯皇室家庭的一员,[86]并与瑙西卡娅同
坐在金像四立的皇宫之中相对应。然而这些都只是谐剧和空洞的
模仿。①

　　在对话的主要修辞系列中,苏格拉底的两篇讲辞占据了最多
的部分。它们以谐剧为框架:在它们之前,是斐德若的装腔作势,
在它们之后,则是对斐德若的戏弄。因为在苏格拉底做完了翻案
诗之后,斐德若再也没提起金像的事,于是,对于斐德若无法理解
神祇与凡人列队前往天外境界的叙述,苏格拉底通过以下方式对
他嘲笑了一番,他提到斐德若同样无法分辨马和驴的区别(260a—
d)。那些无法分辨马和驴的人,是不可能了解半驴或骡子的。类
似地,那些无法分辨神祇与凡人的人,也不可能理解二者之间的精
灵之界(daimonic realm),以及爱若斯便是那位使神祇与凡人之间
相互传递信息的精灵(daimon;参《会饮》202e;《申辩》26e—28a)。

　　柏拉图将奥德修斯对瑙西卡娅所说的话,重新塑造成了苏格
拉底的两篇讲辞,这一番重新塑造揭示了荷马文本中意义的不同
层次。奥德修斯和瑙西卡娅之间的相遇,既可被看成是充满了世
俗性爱和心理活动的戏剧事件,也可被看作是富有超验精神意义

---

① 格里斯沃尔德对斐德若和苏格拉底之间关系的"怪诞谐剧"有着微妙的见解(《柏拉
　图〈斐德若〉中的自我认识》,页 28—33,51—52)。

的诗歌意象。① 但它的象征意义不会将其更自然的意义覆盖掉，不会像小说那样经常用寓言来解释人类问题或细密地对其加以掩饰。凡人和神祇是经验连续体的两极，不论该连续体的特征被区分得如何明确，也不论人们用何种语言来对其加以描述，该连续体都是永不间断的。奥德修斯的旅行勾勒出了一个完整的人类男性对该连续体的探索过程，[87]而他与瑙西卡娅的相遇，则是该探索过程中某个阶段的一个意象，尽管后者同样也是一个完整的人类女性。他对她最初所说的话，既反映了凡人与神祇之间精灵性的张力（daimonic tension），又体现了他在当时的环境中不得不说出这样一番渎神言论的窘迫局面。奥德修斯既是一个怀疑心重的狡猾之人，又是一个不情愿遵循神的旨意，总想以某种方式感受超验事物的人。他对瑙西卡娅所说的话，既精明审慎，又真实地体现了他的惊讶之情。他既是一个十分危险，充满威胁，全身赤裸，外表粗野，如同动物一般从灌木丛中突然冒出来的人；但当他在河中沐浴时，他又是一个温柔俊美的人，好似一个任何女人都渴望拥有的好丈夫。他经常亵渎神灵，责怪众神让他受尽磨难，正如他对瑙西卡娅所说的那样；但之后他又洗净了自己的罪过。荷马之所以没有明确写出奥德修斯对自己渎神的言行和精神的愚钝表示悔改，一方面是为了体现他强硬的人格，而另一方面则是为了让他的整个旅程和每一段相遇的诗歌意象，成为体现他精神净化的最佳方式。

当奥德修斯接近瑙西卡娅时，他不知怎样做才最为合适。他究竟应该伪装成心中毫无正义的野蛮人，还是拥有虔诚思想的热情友好之人？对于神灵将他送到这个充满未知与挑战的环境中来的意愿，他又是如何理解的？他在心里默默地忖度着，究竟应该抱

---

① 奥斯丁的《月黑之时的箭术》（页 193—94，200—202）对这段相遇的丰富内涵进行了最为深刻的探讨。

住瑙西卡娅的双膝请求她,还是不要冒这个险,毕竟自己浑身赤裸,恐怕会吓着她;他还在想,到底应该奉承地称赞她如同阿尔忒弥斯一般,还是坦诚地告诉她,由于她让他产生了敬畏与尊敬(se-bas,6.161;参 8.384)之情,因此他决定不去抱住她的膝盖。他的这种举棋不定的心理全部体现在了他的一番话语中:他的话既表达了恳求的目的,又包含了奉承的意味,既体现了惊讶的心情,又含有对神灵的亵渎。这番话本身被分成了两个部分,因为奥德修斯将他看到瑙西卡娅时的感受,同他之前看到位于提洛岛的宇宙中心的棕榈树时的感受进行了比较。此番比较出现在这番话的中间位置:在它之前,是一席混合着赞美和恳求的话,在它之后则是一番既有恳求又有渎神之意的言辞。[88]在瑙西卡娅的回答中,她应允了他的要求,并且十分赏识他的品德,尽管她对他那番渎神之语进行了指正:她说,宙斯按照他的意愿将幸福赐予人类,不论好人还是坏人(6.187—190;参 1.32—34)。接下来,奥德修斯便开始沐浴,涂抹香膏,穿上新衣,外貌也焕然一新,但他却没有明确地说要收回自己的那番话。

　　柏拉图通过几种相互关联的方式,对这番言辞和与之有关的事件进行了重新塑造。① 首先,奥德修斯的话所包含的两层结构,被用来作为创作苏格拉底的两篇讲辞和中间插曲的框架结构。奥德修斯的话语和行为中最糟糕的那层意思,成为了第一篇讲辞的内容;相遇的超验意义连同与之有关的其他事物,则成为了翻案诗的内容。与奥德修斯提及棕榈树相对应的部分则是,位于两篇讲辞之间没有明确提及翁法洛斯的插曲:取而代之的是,柏拉图让斐德若在苏格拉底发表第一篇讲辞之前对着梧桐树发誓,目的是为

---

① 对观勒贝克,《柏拉图〈斐德若〉的核心神话》,见《希腊、罗马和拜占庭研究》(A. Le-beck,"The Central Myth of Plato's *Phaedrus*", *Greek, Roman, and Byzantine Studies* 13,1972,P. 268)。

了强调斐德若对神灵的明确亵渎和苏格拉底的羞愧之间的差别（236d—237a）。

　　接下来，柏拉图便利用奥德修斯的话的两层结构，作为苏格拉底第一篇讲辞结构的框架，在这篇讲辞中，他仅仅只改善了吕西阿斯文章的文学形式，而没有改变其内容。这篇讲辞被苏格拉底和斐德若的一段简短的对话分成了两个部分，在这段对话中，苏格拉底说他感到周遭有神灵存在；然而，此处却没有明确提到梧桐树或任何其他的翁法洛斯（238c—d）。在讲辞的最后一句话中，苏格拉底使用了六音步长短短格，即叙事诗的格律。他的话——"有情人爱男孩，有如狼爱羊"（241d）——既完美地总结了吕西阿斯的目的，又暗示了奥德修斯接近瑙西卡娅，就如同一头饥饿的狮子慢慢接近它的猎物，有一种不祥之感（《奥》6.130—134）。

　　紧接着苏格拉底第一篇讲辞之后的插曲，仍然属于荷马修辞的主要系列。苏格拉底当即表示他要赎罪，这便与奥德修斯的净罪相呼应：他说，他的精灵（*daimonion*）在对他说话，要他弥补已犯下的过错（242b—c），[89]这便与如同精灵一般的瑙西卡娅明确地指正了奥德修斯的话相照应；他说自己被斐德若的仙子们附体（241e），这与奥德修斯被交给了瑙西卡娅的女仆们相照应；他几乎就要过河了，也许已经踏进了河里（242a—c），这对应的是奥德修斯在河里沐浴；斐德若劝他再在荫蔽处多待一会儿（242a），这与瑙西卡娅吩咐女仆们带领奥德修斯去往河边的荫蔽处相对应；最后，当他不再遮头盖脸的时候，在一个顺从的少年的陪同下，他用"甜蜜言语的清泉"洗净了自己的罪过（243b—e）。

　　正如苏格拉底的第一篇讲辞一样，对于翻案诗的结构框架，柏拉图也同样运用了奥德修斯话语的两层结构。此外，奥德修斯话语中间部分的两个方面，被重新塑造成翻案诗的两个主要部分：奥德修斯与众多同伴经历了艰苦的旅程来到提洛岛，他对生长在那里的一株棕榈树感到十分惊异，奥德修斯的这一段叙述，成为了苏格拉底对如下情境进行描述的基础，即神祇与凡人列队沿着宇宙中心之路前往宇宙天顶；而奥德修斯在瑙西卡娅身上所感受到的与之类似的惊异之情，则成为了苏格拉底描述如下二者之间的回忆关系的基础，即看见美的外观而产生的爱，和见到拥有与神相似的所爱之人时灵魂羽翼的再生。苏格拉底说，灵魂中导致羽翼再生的那股洪流，同样也导致灵魂忘记家人，朋友和一切世俗事物（251c—252a），奥德修斯在喀耳刻和卡吕普索身上就有过这样的经历，后来在瑙西卡娅身上也是，这种经历成功地使他们的相遇得到升华，从而使他最终得以回归（参 253a—b，255e—256e）。

应该说整个翻案诗，而不仅仅只是其结尾部分对爱若斯所做的祷告，都属于苏格拉底的净罪过程，即用"甜蜜言语的清泉"为他的第一篇讲辞进行忏悔的过程。然而，翻案诗中也同样明确地影射到了奥德修斯净罪的修辞。当苏格拉底描述有情人和情伴之间不对称的关系开始逐渐削弱时，他说，在某一时刻，那股从宙斯命名的泉水中所流出的水流，会倾注在有情人身上。一部分流进他的体内，其余部分就像碰到平滑面一样反弹回来，作为一种美，流进情伴的眼中，使情伴的灵魂充满爱欲（255b—d）。[90]类似地，在《奥德赛》中，宙斯为了奥德修斯特意让河水的水流平缓下来，这片河水浸湿了他的身体，洗去了海盐，部分水流注入了他的体内，改变了他的外观，另一部分则变成奥德修斯的美，流进了瑙西卡娅的眼中，于是她说，他看起来就像一位神祇。

瑙西卡娅梦中的期盼和奥德修斯对她所说的话合成了一出柔情的戏码，即便我们认识到了他的话中所包含的两层意义，也不会减少它的魅力。在《斐德若》中，苏格拉底和斐德若的关系既友善又礼貌，但斐德若对吕西阿斯的文章痴迷至深，这便揭示了暗含在如下意义中的爱欲的粗俗性和修辞的粗糙性，即深藏于奥德修斯话语中最富性暗示的那层意义。在重新塑造这一幕场景时，柏拉图用他对如下修辞所进行的区分，即奥德修斯怀着两种心情所说的一番话,来标识以下两者之间的差别,即其源文本的细微之处,和对话中所探讨的范围更广阔的经历。他表示,腐坏的修辞技艺附属于腐坏的爱欲;为体现这一点,他让苏格拉底在第一篇讲辞中,采用一种误导的方法来应对斐德若的问题——将吕西阿斯文章的糟糕形式与它的内容分开来进行讨论——因此,必须要用翻案诗中对爱欲上升的奥秘的叙述,及其高超的诗歌风格来对该方法进行纠正。但柏拉图所做的还不止这些。他在重新塑造时还引用了如下内容作为增补,即关于奥德修斯和德摩多科斯之间关系的场景。奥德修斯对瑙西卡娅说了渎神的话,因此他必须忏悔。当奥德修斯在倾听德摩多科斯的歌曲时,他意识到自己还必须为更糟糕的事进行忏悔:他在特洛亚犯下的不敬神的罪行。并且他还意识到,若要使自己的不敬行为得到净化,需要改变的应该是自己的内心,而不是光靠说一些更加妥善的话。因此,奥德修斯和德摩多科斯之间关系的修辞,完美地契合了柏拉图的目的,即让苏格拉底批判存在于斐德若心中的男童恋爱欲的腐朽,而不只是在描述它们的时候,仅对吕西阿斯的文章进行批判。

[91]苏格拉底在发表自己的第一篇讲辞之前,他蒙住了脸并向缪斯祈祷(237a);而在发表翻案诗时,他却没有遮遮掩掩,并且在开始之前,也没有提到缪斯(243b,243e)。通过这两个简单的修辞,柏拉图就将奥德修斯和德摩多科斯之间关系的种种复杂性都体现了出来。当德摩多科斯第一次吟唱特洛亚的故事时,奥德修斯遮住脸,默默哭泣;然而,当德摩多科斯在吟唱接下来的歌曲时,奥德修斯就没有再继续遮着脸了,这些歌曲是让奥德修斯惊叹不已的阿瑞斯与阿芙洛狄忒之歌,和让奥德修斯公然落泪的最后一首特洛亚的歌曲。据说德摩多科斯两次歌唱特洛亚之战中的奥德修斯时,均受到了缪斯的启发;然而,尽管阿瑞斯与阿芙洛狄忒之歌的象征,充满了宇宙论和神学意义,但在它开始之前,也没有提到缪斯。在重新塑造这些场景,并将它们合起来作为《斐德若》中

苏格拉底两篇讲辞中的内容时,柏拉图让苏格拉底既扮演奥德修斯的角色,又扮演德摩多科斯的角色。在第一篇讲辞中,苏格拉底效仿吕西阿斯的文章,说了一些令人羞愧的事,这正如德摩多科斯叙述奥德修斯在特洛亚的所作所为一样,并且苏格拉底在发表讲辞时是蒙着脸的,这也和奥德修斯在听到那些往事时羞愧地遮住了脸一样。在第二篇讲辞,即翻案诗中,苏格拉底"不再遮掩",不单单是脸部,而是任何意义层面上的不遮掩。他的讲辞是一种"启示"(apokalypsis),是一番可与德摩多科斯的阿瑞斯和阿弗洛狄忒之歌相比的充满爱欲的宇宙论。若将德摩多科斯的歌曲理解为对奥德修斯的启示,苏格拉底的讲辞亦可与之相比:奥德修斯通过狡猾的诡计得以成功屠城的故事,被活灵活现地讲述给了奥德修斯,正如苏格拉底运用狡猾的修辞技巧,向斐德若描述了男童恋爱欲的腐朽一样。当苏格拉底在忏悔和讲述他的相当长的故事时,他"毫不掩饰",这与奥德修斯含泪忏悔自己的行为时也毫不掩饰一样,并与净罪后的奥德修斯在费埃克斯人的宫殿上揭示身份后,代替德摩多科斯的诗人的位置,讲述了一个关于他的宇宙之旅和与精灵相遇的更好更长的故事也一样。在《奥德赛》中,最终确保奥德修斯得以回归的转变,是通过以下情节来加以描述的,即奥德修斯对一个不幸女人的悲伤深表同情。在《斐德若》中,苏格拉底在翻案诗中讲述了他从一个女人,[92]即蒂俄提玛那里学到的有关爱欲的知识,这个故事他在《会饮》中向欢聚一堂的男童恋者们也讲述过。

柏拉图在《斐德若》中对《奥德赛》进行了直接的重新塑造,但他同时还让苏格拉底在第二篇讲辞的序言中,提到斯特西克鲁斯(Stesichorus)瞎眼和认错的故事作为过渡(243a—b,244a)。诗人斯特西克鲁斯生活在公元前六世纪,他似乎是以一首《翻案诗》出名的,这首诗是对传统中的"荷马"所作的回应,后者被说成在《伊利亚特》中诬蔑了海伦(Helen)。他由于吟诵了荷马的渎神之言而瞎了眼,故此作了一首《翻案诗》用以净罪,于是双眼即刻复明,这个故事是"不真实的",因为它显然是基于《奥德赛》而编出来的一个故事。德摩多科斯既是又不是"荷马"。《奥德赛》中对盲眼诗人讲述特洛亚故事的描述,是造成大众认为《伊里亚特》的作者也是一位盲人的一个很可能的原因。此外,荷马的战争故事还有可能存在不敬神或不虔诚的风险,这一层意思已经体现在了《奥德赛》的意象中,即当德摩多科斯在叙述他的故事时,奥德修斯遮住了自己的面部——就好像失明了一样。斯特西克鲁斯的眼盲,同样也是因为他吟诵了特洛亚的故事,他的眼盲是德摩多科斯和奥德修斯彼此相关的"眼盲"症状的结合;通过净罪,他的双眼得以失而复明——遮蔽他双目的面纱被掀开了——他的净罪照应了奥德修斯转变的修辞;因此,斯特西克鲁斯超越了作为诗人的"荷马",正如我们可以说,在《奥德赛》中,奥德修斯也超越了德摩多科斯一样。柏拉图让苏格拉底在发表自己的翻案诗之前,先将斯特西克鲁斯的翻案诗赞美一番,但此番用意不明的赞美所说明的问题应该是他对荷马源文本的引用,而非将他当作一位诗人一样地敬重。

苏格拉底在翻案诗中保证,他将比之前的诗人们更加明智(*sophōteros*,243b)。他还说到,至今都还没有诗人对宇宙天顶之外的"天外境界"(*hyperouranion topon*)进行恰如其分地歌颂,即"真正存在的实体"(*ousia ontos ousa*,247c)。对苏格拉底的这番话进行以下两种解读都是不正确的,即在对最终的、超验的境界所做的哲学的和诗歌的描述之间,存在必然的、绝对的差异,或认为应当以如下方式来看待翻案诗,[93]即它是一篇将严格意义上的理性叙述,转化成富有诗歌意象的讽喻诗。① 柏拉图当然会让苏

---

① 尽管苏格拉底能够唤起记忆的意象具有紧密性(compactness),故而十分易于操作,但不论你怎么理解,它都与柏拉图的"形式理论"的现代解释不相符。对于柏拉图而言,存在(*ousia*)既不等同于形式或理念,又非形式与材料基质的结合。因此,尽管天外境界的大门向理智(*noesis*)敞开着,但却并非是柏拉图的理念之境的意象。

格拉底自称能超过传统中的"荷马",斯特西克鲁斯和所有的诗人——就此而言,还有哲学家——他们在诗歌与哲学之间的"古老的争吵"中所起的作用,使得这场争吵演变成了公然的对抗。然而,苏格拉底的翻案诗是以诗歌的形式来叙述的。此外,柏拉图让苏格拉底所说的话,就来自于荷马本人。在《奥德赛》中,诗人德摩多科斯被讲故事的奥德修斯所取代,后者采用的是"散文"的叙述方式,但讲故事的人的"散文",却是荷马的诗歌修辞。德摩多科斯的宇宙论被奥德修斯的旅程故事超越了,前者是通过奥林波斯众神之间关系的"荷马"的象征来加以叙述的,而后者则更直接地谈到了人类的本质和人类与神灵之间的关系;然而,荷马却让奥德修斯通过更加古老且更富有萨满性质的象征,来讲述他上升至"天外境界"的故事,即超越"荷马的"宇宙的表面局限性的故事。

苏格拉底遮住和露出头部的意象,明确地将《斐德若》与《蒂迈欧》、《克里提阿》联系在了一起。当苏格拉底向克里提阿和他的朋友们叙述《王制》中的讨论时,他们都把他看作不谙世事的人而不大理会他。蒂迈欧关于宇宙论的讲辞,和克里提阿在政治理论上玩弄智术,苏格拉底都屈尊俯就,耐心地忍受了这一切。为了让读者理解苏格拉底沉默的意义,柏拉图将《蒂迈欧》和《克里提阿》的戏剧,以奥德修斯和德摩多科斯的关系的修辞为基础。在《斐德若》中,苏格拉底不再遮掩自己,并打破了沉默。翻案诗便是苏格拉底对蒂迈欧所做的回应。它对《王制》结尾故事的宇宙论进行了重建,蒂迈欧曾认为这个故事完全是毫无科学依据的无稽之谈,因为它对天体的音乐,灵魂沿着宇宙之轴上升与下降,[94]以及与奇异的神灵们相遇等事物所进行的描述都过于夸张。翻案诗一结束,苏格拉底便对克里提阿做出了回应。他对修辞术最糟糕的多余成分所进行的讨论,重建了他在《王制》中对辩证法所做的论述,即克里提阿认为与在公众演讲和私人娱乐中都能高效地利用语言的智术技巧相比,既幼稚又拙劣的论述。倘若读者以苏格拉底对如下两个问题所进行的探讨为指导，来看待雅典与亚特兰蒂斯之战的故事，即使最好的修辞术都不如辩证法，以及哲学的辩证法与诗术的最终兼容，那么克里提阿所说的梭伦传奇，便与一份质量不佳的课堂作业相差无几。

在翻案诗中，苏格拉底谈到了给蒂迈欧的物理学和形而上学造成困扰的理论问题。蒂迈欧难以使肉身（*sōma*）和灵魂（*psychē*）合而为一。他将这个问题留给了技艺高超的神匠——而非神圣的"造物者和宇宙之父"（*poiētēn kai patera*，《蒂迈欧》28c）——即利用"空间"（*khōra*）使它们结合在一起（48e—49a，52a—b）。苏格拉底利用理性（*nous*）来使肉身与灵魂结合；而宇宙之父神圣的理性要胜过神匠的技术知识（参《斐利布》22c）。此外，蒂迈欧还无法调和存在与变易，即整全的静止和变化的流动。苏格拉底摆脱了这个困境："本原"（*archē*）既非存在也非变易，从本原开始的运动不是无定形的流变，正如本原本身不是静止的一样（《斐德若》245d）。肉身、灵魂和理性的确可以理解成运动的几种类型，并可认为三者都始于最初的本原："宇宙之父"或神圣的理性，或神希望自己被冠以的任何其他称谓。始于《斐德若》的有关运动类型的讨论，在《法义》卷十中得以继续。在翻案诗中，苏格拉底更关注的是朝向本原的运动。在《泰阿泰德》中，苏格拉底说，人们应该通过飞行的方式远离存在和变易的两派之争，而欲飞行则须"力求与神相似"（176b）。在《斐德若》中，苏格拉底对这一点做出了解释：显然，你首先必须得长有羽翼。翻案诗一半的内容，讲的都是灵魂萌发羽翼时通常很痛苦的爱欲，即从表面上看是苏格拉底对两句关于爱若斯的诗所做的解释，这两句诗通常被他的追随者们认为出自荷马之手：[95]因为他有着长翅膀的必然性（*anankē*），不朽者谓之"胁生双翼的"（*pterōs*），凡人便叫他爱若斯（252b—c）。翻案诗的另一半，则是苏格拉底对神灵和人类灵魂沿着宇宙之轴飞行至宇宙天顶的描述，即对天外之境所做的过多诗歌性的描述,蒂迈欧要是听了,很可能眼泪都会笑出来。

柏拉图将翻案诗分成了两个部分,这反映了奥德修斯对瑙西卡娅所说的话的两层结构,并使他得以将源文本中相遇的意义,即萨满的、宇宙论的和宇宙中心的意义,与其狭隘的两性和心理意义区分开来。这两部分之间的关系,通过它们共有的意象体现出来:翻案诗中对宇宙流变的叙述没有明确提及爱欲,但若缺少对爱欲的讨论作为补充的话,它其中受某种超然力量所引导的灵魂运动的意象将变得毫无意义。然而,这两部分的区分,使柏拉图得以大量运用诗句,尤其是因为他将奥德修斯和瑙西卡娅之间充满爱欲的相遇,重新塑造成苏格拉底和斐德若之间不那么富有戏剧性的谈话,从而突破了源文本的限制,使整个故事的宇宙论部分和性爱部分得以平衡。通过在翻案诗的创作中,加入奥德修斯萨满之旅中的任何可与之媲美的部分,柏拉图便可自由地增加此次相遇的象征意义。那么我们或许可以假设,游行的"大神话"(grand myth)的意象,便源自于《奥德赛》整部作品。然而,翻案诗中数量惊人的绝妙意象,都不外乎以柏拉图对如下细节所进行的重新塑造为基础,即奥德修斯和瑙西卡娅相遇的诗歌细节。大神话的三个最典型的特征,的确都源自于柏拉图对简单的荷马修辞的利用:宇宙及其旋转,灵魂的马车和马,以及游行列队的上升和下降。

[96]柏拉图对宇宙的描述源自于一个欢快的荷马的意象:瑙西卡娅的一个女仆没能接住丢给她的球,于是球掉进了河流的漩涡中;女孩们大叫了起来,这一幕有些类似于塞壬女妖们唱歌的场景,奥德修斯而后便被吵醒了(6.115—117)。在《王制》中(485c—d),柏拉图重新塑造了荷马对这条河所做的第一次描述,这表明,他将它视为爱欲的一种象征,这种爱欲从最简单的人类经历拓展到了凡人祈求者与宙斯本人之间的关系。爱欲流经旋转的宇宙天体,正如瑙西卡娅的球滚入了河里一样。将瑙西卡娅手中的球变换成宇宙天体,并不像表面上那样仿佛纯粹是柏拉图的异想天开:

它在荷马的作品中是有依据的。黎明女神厄俄斯"玫瑰般的手指"
(*rododaktylos*)十分有名。她的手指从地平线升向清晨的天空。
她将整个世界捧在手掌之中。神灵们将世界当成球一样地玩儿。
因此,神样的瑙西卡娅抛入河中的那个球,便可被顺理成章地理解
为独受爱欲驱使而运动的宇宙天体的象征。爱欲流过灵魂,或驱
使一切事物流过灵魂;它甚至能在游戏和歌曲中使灵魂运动。在
《王制》中(617b—c),柏拉图接受了塞壬女妖自称的一个说法,即
她们能够唱出世界上发生的一切事物,于是将塞壬女妖描述成了
宇宙音乐的歌者(12.191)。柏拉图的塞壬女妖既能使人想起瑙西
卡娅和她的女仆们的嬉戏、跳舞和叫喊,也能使人想起奥德修斯所
听到和绕开的塞壬女妖们。

　　柏拉图对神灵和凡人的马车和马所进行的比较,以荷马对瑙
西卡娅和她的骡车进行的描述为基础。将瑙西卡娅明确比作阿尔
忒弥斯,这不禁使人想起阿尔忒弥斯遨游天际时所乘的战车和马。
瑙西卡娅的骡车装备虽不如她好,但显然要比奥德修斯步行的,完
全依靠人力的交通方式优越得多。柏拉图的意象依旧与荷马象征
的意义相对接近一些。在柏拉图的意象的一层含义中,御车人、两
匹马和马车三者之间的关系,对应的是理性、灵魂和肉身之间的关
系;神灵和凡人各自拥有的马的品质之差,恰好说明了他们拥有肉
身或使肉身运动的方式之差。[97]在该意象的另一层意义中,马
车坠落了,于是便有了对灵魂的不同方面的描述。神灵和凡人一
样,都被认为是由理性、御车人和各种灵魂状态组成的,这些灵魂
状态就好比性格迥异的两匹马一样。

　　那羽翼又该作何解释呢? 瑙西卡娅的骡子似乎没有羽翼。也
许这个意象是柏拉图从苏格拉底声称无法表达的飞马的传统解释
中得来的? 抑或是从一种伪造的荷马诗句中得来的,即将爱若斯
等同于长着羽翼的某物(*Pterōs*)? 然而,在《奥德赛》中却出现了
拥有魔力的羽翼,而柏拉图在翻案诗中对该意象的使用,便是以他

对荷马的文本细读为指导的。羽翼既象征了爱欲,又象征了灵魂——甚至是宙斯的灵魂——与天外之境中未命名的奇迹之源之间的关系。对于柏拉图而言,最高的爱欲,以及灵魂和超验之间的恰当关系,最终都是对同一事物的不同描述而已。与之类似的是,在其他对话中,超越了奥林匹亚宙斯的事物,被赋予了几个都不够充分的名字——"高于实在的善"(《王制》509b),"神圣的理性"(《斐利布》22c)和简单的"神"(《法义》716c)。神圣的理性通过爱欲将神灵和凡人的灵魂引向自身。它使人类灵魂的马长出羽翼,羽翼让灵魂在宇宙中上升,并使灵魂渴望自己的御车人能上升穿越宇宙天顶。

翻案诗中神灵和凡人在宇宙中心的上升和下降的意象,是以荷马源文本中的几处修辞为基础的,即描述旅行、运动和方向的几个修辞。在瑙西卡娅梦醒之后,雅典娜便从斯克里亚岛飞回了自己家中,即"不动的"(asphales)奥林波斯山;此处并未提及战车和马(6.41—47)。相比之下,阿尔忒弥斯的战车和马不断地穿行于天际,如同一个天体一样有规律地上升和下降。与阿尔忒弥斯相似的瑙西卡娅在女仆们的陪伴下,乘坐骡车离开了家。若从地理角度看,此次旅程是一个下降的过程,但若从象征的角度来看,它又是一次上升的过程。她们来到了河边后,卸除了骡子的轭,让它们在草地上吃草,在她们劳作和嬉戏完之后,[98]又套上了骡子返回了家(6.81—112)。最后,奥德修斯跟随瑙西卡娅的骡车来到了费埃克斯人的城邦;这趟旅行不论是从地理角度,还是从象征角度来看,都是一次上升。当瑙西卡娅到家后,骡子的轭再一次被卸除,而她则被欧律墨杜萨(Eurymedousa)照顾着,一个来自阿皮尔(Apeire),即"无邦界之国"的女人。在进城之前,奥德修斯须在一处草地边的雅典娜圣林中等待——相当于人类的放牧。他的祈祷若能得到应验,那么它将确保他能乘坐费埃克斯人的魔力船返回故乡(6.316—331,7.1—13)。瑙西卡娅在回城之前给予了奥德修斯一些指示,奥德修斯从她的话中得知,傲慢无礼的费埃克斯人会定期在港湾聚集。他们不敬重费埃克斯人的统治家族;他们也不跟随瑙西卡娅的骡车去往皇宫,相反,他们更乐于前往位于低处的港湾和海上。由他们制作的船仅仅只是些黑色的船只而已,它们是没有魔力的(6.262—285)。

　　柏拉图对这些修辞进行的重新塑造,以他对从凡人到超验的连续体的一番观察为开始。奥德修斯和傲慢的费埃克斯人代表了该连续体的人类一端的两个方面。瑙西卡娅代表精灵之境,追随她就代表人类渴望尽量与神相似。而精灵们所相似的是奥林波斯的众神。但奥林波斯众神他们自己却意识到了一些超越他们的存在:连续体不动的且没有名字的一端,柏拉图认为它就是荷马笔下奥德修斯上升的终点。一旦宇宙中心的连续体被建立起来,并且它的各个方面都能被加以识别,那么柏拉图所重新塑造的荷马的细节便能为人所理解了。神灵与凡人的马之间的差异,来自于生育瑙西卡娅的精灵般的骡子的驴和马之间的差异。神灵的上升就和雅典娜飞回家一样不费力气,但当柏拉图将神灵回归奥林波斯山描述成了从宇宙天顶的一次下降过程时,他便将她的家和"不动的"世外之地区别开来了。凡人通过精灵之境上升有两个目的:让御车人的头部短暂地升入天外之境,正如阿尔忒弥斯的头部高出与之玩耍的水泽女仙们一样(6.107—109);[99]另一个目的则是给马儿补充营养,正如瑙西卡娅的骡子在草地上和回家后得到了营养供给一样。那些未能看见天外景象而失去羽翼的人,就好比傲慢的费埃克斯水手(参《斐德若》243c),而他们失去的羽翼,便是水手们为了给港湾的黑色船只打造稀松平常的船桨,而抛弃的富有魔力的船桨。

　　萨满僧人上升至宇宙天顶的行为,通常被描述成攀爬一棵宇宙中心的树,或是航行一艘遨游天际的船。《奥德赛》将这两个意象都运用了起来,作为描写奥德修斯旅行和回归的基础:航行的意象是主要的,但诗歌通篇都以提到宇宙中心的树来标记一路的各个阶段。《斐德若》中游行的大神话,将荷马的船变成了战车,船桨变成了翅膀,这正与荷马本人对奥德修斯乘坐费埃克斯人的船归国所做的简短描述一样,这艘船如同一辆战车,速度比鹰隼还快(《奥》13.81—88);而指引苏格拉底上升和回归的梧桐树,即"柏拉图树"(*platanos*),则自始至终都伫立在他身旁,成为了他旅程中的一处荫蔽之地。

在翻案诗结束后,苏格拉底说他的灵感尚在,记忆暂时受到了影响,于是便问斐德若自己是否已在讲辞的开头给爱欲下了定义。斐德若说是,但他同时还加了一句话作为对整篇讲辞的回应:"费解之处过多"(*amēkhanōs ge hōs sphodra*,263d)。对于自己的"过多"遭人嘲笑一事,苏格拉底已经习以为常了。蒂迈欧之所以让苏格拉底听他枯燥冗长的说课,就是为了向他证明,哲学应该是物理学,而不是像厄尔神话之类的无稽之谈(《蒂迈欧》29c—d)。当格劳孔听到苏格拉底描述"高于实在"的善时,他两手一摊。大叫着:"呀! 太阳神阿波罗作证! 夸张不能再超过这个啦!"尽管苏格拉底在当时做出的回应十分克制,但他在向他的匿名朋友重述这段讨论时,还是加入了一些有立场的评点:格劳孔说话"十分可笑"(*mala geloiōs*;《王制》509b—c)。苏格拉底根本不必费心去回复蒂迈欧,[100]因为后者显然对这一次的谈话不感兴趣。相比之下,他倒很乐意同格劳孔继续交谈下去;然而,他却或多或少地将讨论的层次降低了,因为这样才能使格劳孔更好地理解自己。那么对于斐德若又该怎么办呢? 苏格拉底对他未能很好地理解自己并不感到惊讶(260b—c)。然而,斐德若却十分享受整个谈话过程,尤其是谈论爱欲的部分,尽管这一部分的讨论似乎并未取得多大进展。尽管受到了嘲笑,但苏格拉底依然同他继续讨论了下去,不过他换了一个话题。他一直都在讨论吕西阿斯文章中有关爱欲的内容。由于该话题已被证实对于斐德若而言太具挑战性,因此他便话锋一转,开始探讨一个更为正式,但层次较低的话题:修辞术。

在《王制》中,每当格劳孔的理解能力达到一定限度时,柏拉图就会让苏格拉底降低讨论的层级,然后再试着引导他超越这一层级。在《斐德若》中,柏拉图将这一方法运用得更为广泛。主要的话题从爱欲变成了修辞术,即从目的变成了手段,然后再引到目的上来。在这篇对话的结构中,关于修辞术的讨论,从属于苏格拉底对辩证法的形式和本质的定义。并且同样地,柏拉图依然借用了荷马故事中的场景,作为呈现苏格拉底叙述辩证法的基础。当苏格拉底第一次讨论辩证法的形式特征时——划分(*diairesis*)与综合(*synagōgē*)——柏拉图让他将《奥德赛》卷五中的一个段落释义了一遍。他说,他将跟随真正的辩证法家的步伐,就像奥德修斯跟随女神卡吕普索的步伐一样(《斐德若》266b;《奥》5. 193)。随着《奥德赛》中的情节继续发展,卡吕普索带领着奥德修斯来到一片树林中,那里的树木高耸入云,女神给了他一把斧头和一个钻子,用来打造一艘筏船,并乘着它前往费埃克斯人的国度。斧头将树砍倒、劈开并刨平做成木板;钻子将这些木板连接在一起。柏拉图在重新塑造这一段插曲时,卡吕普索的这两样工具成为了辩证法的两个方面:分裂与接合,即划分与综合。工具以及筏船都是达到目的的手段:它们使奥德修斯成功抵达了斯克里亚岛,并遇见了瑙西卡娅。一直到《奥德赛》的这一幕为止,荷马采用的都是正常的叙事顺序:奥德修斯利用工具制造筏船,然后继续航行。[101]柏拉图在《斐德若》中重新塑造这些场景时,却将顺序颠倒了过来:爱欲的讨论以奥德修斯和瑙西卡娅的关系为基础,之后的修辞术和辩证法的讨论,则以奥德修斯和卡吕普索的关系为基础。对此他甚至还讲了一个内行人的笑话:他所写的这篇文章,其"言辞写作的必然之道"有些反常,"不在开头处而是从收尾处开头,他的讲辞简直是倒着在游仰泳"(264a—b,刘小枫译文)。柏拉图之所以这样做,并非为了暗示卡吕普索比不上瑙西卡娅,而是要表明斐德若似乎已经错失了筏船,因此必须得重新开始。

苏格拉底通过设问展开了划分与综合的讨论,他问斐德若可曾听说过涅斯托尔(Nestor)和奥德修斯据说在特洛亚写下的关于修辞术的论述(261b)。而事实上,并没有这样的作品传世。其实,苏格拉底是在暗示《伊利亚特》卷二中的两段演说。荷马的文本描写到,阿尔戈斯(Argive)军队处于一片混乱状态,然后他便讲述了奥德修斯和捏斯托尔是如何利用两段演说使大家恢复秩序的。奥德修斯通过讲述一个预兆的解释而使士气得以重振(2.278—335),然后涅斯托尔便按部落和氏族将军队分开(2.336—368)。这两段演说显然在本质上与辩证法的两个方面相对应。对于柏拉图而言,在辩证法中,划分的地位应次要于综合所必备的洞察力,倘若能够培养这种洞察力,那么便有可能超越辩证法。在《伊利亚特》中,综合的洞察力居于首位这一点,是通过奥德修斯较之涅斯托尔更胜一筹而体现出来的,并且还有一些类似的暗示也表明,奥德修斯既会划分,也会综合。然而,奥德修斯只在《奥德赛》中才将这两项技艺都展示了出来。

苏格拉底提及跟随卡吕普索的足迹一事,属于如下二者的微妙定义的一部分,即辩证法的本质和辩证法与超越它的事物之间的关系。柏拉图让苏格拉底说,他是一个利用划分和综合的方法来说话和思考的爱欲者(erastēs),倘若有人知道事物是如何被自然地合而为一,又是如何被自然地一分为多,那么他将追随这个人,就好像追随一个神的脚步一样,但这样的人被称为辩证法家到底对不对,就只有神知道了(266b—c)。这并非是唯一一处对《奥德赛》的直接引用。该定义的方方面面都是柏拉图从荷马的故事中得来的。[102]柏拉图似乎注意到了以下两点,即在《奥德赛》中,描写一个人物追随神的足迹的段落一共出现了四次,并且他对形式上的重复进行解释的目的,似乎是为了表明该段落所出现的

几个场景之间的本质关系:苏格拉底的定义一次性重新塑造了这
四个场景。

　　在第一个场景中,特勒马科斯(Telemachus)准备起航寻找他
的父亲(2.406)。他跟随的是伪装成门托耳(Mentor)的雅典娜的
脚步。在第二个场景中,特勒马科斯来到了皮洛斯(Pylos),向涅
斯托尔打听父亲的下落。在他再次跟随伪装的雅典娜的脚步之
前,他询问女神自己该如何向涅斯托尔发问,女神这样建议他道:
你自己心里仔细考虑,神明也会给你启示(3.30)。在第三个场景
中,奥德修斯准备启程了。他跟随卡吕普索的脚步,最终得到了他
的两样工具(5.193)。在第四个场景中,奥德修斯来到了斯克里亚
岛,并从瑙西卡娅那里得知了归国的办法。他向一个年轻的女孩
打听前往阿尔基诺奥斯和阿瑞塔的王宫的路,这个女孩是雅典娜
伪装成的,在奥德修斯跟随她的脚步前进时,她一直保护着他
(7.38)。这四个场景之间的相似点显而易见:儿子和父亲都踏上
了旅程,抵达各自当前的目的地,准备与当地的统治者进行交谈,
并且都曾两度从伪装的或隐藏的神灵那里得到过建议或帮助。但
它们之间也有几处重要的差别。特勒马科斯出发去寻找他的父
亲——换言之,去变成像他父亲那样的人。这是他的成熟之旅,而
非回乡之旅。而为了能够找到奥德修斯或成为像他一样的人,他
必须首先找到涅斯托尔,这个人的修辞技巧可与奥德修斯相比,但
仍不如奥德修斯的好。同样地,特勒马科斯和奥德修斯都从各自
的神灵那里得到了相似但不完全等同的建议或帮助。划分和综合
的技巧之间的差异,与如下差异是不同的,即用自己的思维所理解
的意思和精灵或神灵所暗示的意思之间的差异。后者优胜于前
者,而精灵或神灵所提供的建议,甚至还要优胜于自己的一种能
力,即理解事物是如何被自然地合而为一的能力。[103]因此,神
灵的影响优胜于辩证法。

　　为了能够成为像奥德修斯一样的人,特勒马科斯必须在神灵

的帮助下,首先去找涅斯托尔;最后,他还必须明白奥德修斯自己
是如何追随雅典娜,并最终服从宙斯的意志。在对荷马丰富的意
象进行重新塑造时,柏拉图一开始便将苏格拉底置于特勒马科斯
的地位:为了能够成为像真正的辩证法家一样的人,他必须在神灵
的帮助下,首先学习划分和综合;然后,他必须了解辩证法家自己
如何追随神灵。

　　《斐德若》中,在对爱欲和对修辞术所进行的全面的讨论之间
有一段插曲,苏格拉底停下来抒发了一下他在炎热的正午十分,听
到蝉鸣合唱团低嗡的歌声时的喜悦(258e—259d)。这段插曲将我
们的注意力转移到了背景环境和蝉儿所栖的那棵生长在河边的梧
桐树上,这个地方是塞壬女妖之父,阿刻洛厄斯(Achelous)的圣地
(230b—c)。这段插曲并非如学者们所说的那样,是为了转移读者
的注意力,以免让读者发现柏拉图文章的结构缺陷而使用的文学
障眼法,蝉鸣的故事优雅地起到了过渡的作用,它既承接了上文翻
案诗所达到的高度,又开启了下文始终萦绕在斐德若心头的世俗
之事。苏格拉底欣然转移了话题,而事实上话题仍未改变。此番
抒情描述的象征与以下两者拥有相同的起源和最终目的,即出现
在它之前的翻案诗中爱欲的上升,和在紧随其后的讨论中的辩证
法的上升。柏拉图让苏格拉底蝉鸣的故事,以《奥德赛》卷十二中
荷马描写的奥德修斯和塞壬女妖相遇的故事为基础。喀耳刻、塞
壬女妖、卡吕普索、瑙西卡娅:她们都吸引过奥德修斯,并都在他的
宇宙之行上升至顶点和最终的回归之路上,曾指引他走过一段旅
程,而她们最后也都必须得留下。尤其是卡吕普索,她对于奥德修
斯而言不仅仅是一次艰难的考验和工具与木材的提供者。奥德修
斯在航行至斯克里亚岛的途中还有赖于她所提供的建议,即依靠
星辰来辨认方向;在这一点上,她与喀耳刻和塞壬女妖相似。
[104]因此,在柏拉图对荷马修辞所进行的重新塑造中,梧桐树上
蝉鸣合唱团的歌声,贯穿了修辞术和辩证法讨论的整个过程,这其

实是在不断地提醒读者，讨论的最终目的是爱欲。

　　正如相对缺乏想象力的读者所说的那样，蝉鸣的故事并非完全是柏拉图的原创。① 由于它很明显是对荷马故事的重新塑造——苏格拉底明确地将蝉比作了塞壬女妖（259a）——因此，我们刚好可以利用这个绝佳的机会，看看柏拉图是如何游刃有余地运用他的文学和解释技巧的。

　　奥德修斯和塞壬女妖的故事分为两个部分：一是奥德修斯在起航之前从喀耳刻那里听来的话，喀耳刻还说，神灵会让他记住这些话（12.36—54），二是诗人对故事本身所做的更为详细的描述（12.154—200）。喀耳刻警告奥德修斯说，许多缺乏警惕的归乡人被塞壬们的歌声迷住，结果就变成了塞壬岛岸上的堆堆白骨和干萎的人皮。然后她便告诉奥德修斯，如何才能使自己和同伴避免这样的命运，但她既没说塞壬唱的内容是什么，也没说他究竟该不该听。启程之后，奥德修斯便将他从女神那里听到的最重要的信息告诉了他的同伴，包括他决定要听塞壬的歌声在内。一切准备完毕，相遇即将到来。他被绑在桅杆上，他的同伴们仍负责划桨；绳索将他紧紧绑住，使他动弹不得，同伴们被蜂蜡堵住了耳朵，什么也听不见；只有他一个人在听，其他人则保持一致行动。奥德修斯听到的歌曲是唱给他一个人听的。任何人听到她们唱的歌曲，都是唱给他们一个人听的：这便是它的一大魅力所在（参色诺芬，《回忆苏格拉底》2.6.11—12）。奥德修斯既没有被听歌时的愉悦所迷惑，也没有被优美的旋律给打动，令他蠢蠢欲动的是歌曲中所承诺的将告诉给他的知识。塞壬们唱了两件事：一是奥德修斯在特洛亚的所言所为，二是世上发生的一切事端。换句话说，她们答

___

① 　例如，参弗鲁提格，《柏拉图的神话》(P. Frutiger, *Les mythes de Platon*, Paris: Librairie Félix Alcan, 1930, p. 233)，哈克福斯在《柏拉图的〈斐德若〉》中引用过此处 (Hackforth, *Plato's "Phaedrus"*, p. 118)。

应告诉奥德修斯关于他的一切,[105]以及他在所有一切中的位置(and his place in all that is)。这并非狭义上的"自我认识":其完整的意义就算不通过其他象征,只要通过桅杆的萨满教象征就可以明确地体现出来了,该象征代表翁法洛斯。塞壬们只歌唱了事实。这场相遇的危险就在于每一个听到歌声的凡人,因为他或许会忘记一点,即她们所传达的自我认识,是仅用话语来传达的。脱离动作的理解,对于真正的自我认识而言,既必不可少,又具有威胁性。其必要性通过象征的方式体现在如下修辞中,即奥德修斯及其同伴们在这场相遇中的差别;而其危险性则体现在其必要性中,奥德修斯一直向前航行,全身被绑在宇宙中心的桅杆上,因为他若屈从于那些充满诱惑力的话,即便那些是真话,他的灵魂都将不可挽回地与肉身分离,永远都不能归国了。

将荷马的故事改编成蝉鸣的故事,并没有什么特别的要求。苏格拉底对背景环境的一番描述,被斐德若不合时宜地打断了,于是这番描述便被分成了两个部分。而它的形式则反映了荷马故事中的划分:第一部分仅简单地陈述事实,第二部分则是更加详细的叙述,并附带解释。柏拉图并不是让苏格拉底异想天开地将蝉鸣和塞壬作比较,仿佛这是他随口说的话一样。他是直接根据荷马的意象来重新塑造苏格拉底的话的。塞壬岛岸上的人皮和白骨,以及塞壬们在绿茵间歌唱超验事物的两个意象被合二为一。柏拉图认为如下二者是等同的,即被这些不寻常的神灵们的歌声所迷住的人的灵魂,和受到驱使而歌唱超越自身的事物的神灵们本身。被缪斯迷住的凡人们脱离了他们如空壳一般的肉身,继而成为了神灵与凡人之间的中介人。蝉的蜕变是指一个由原来的肉身变成空壳的过程,柏拉图利用这一现象来象征肉身与灵魂的分离。蝉的蜕变同时还会使人联想到翻案诗将灵魂的膨胀描述成羽翼的增长:通过爱欲这一中介,所有凡人都可以变得与神相似。雅典人与其他人并无甚区别,但蝉的意像却使得翻案诗的大致叙述与他们有了特别的联系。雅典人有个传统的绰号叫"身穿蝉的人"(*tet-tigophoros*),[106]指的就是他们穿戴蝉形珠宝的习俗,他们之所以这样做是为了表明自己生于斯长于斯,与这些奇怪的昆虫一样,都来自于这片土地。

比起在正午时分被蝉鸣声迷住而沉睡的羊群和奴性的牧羊人来说,柏拉图情愿雅典人与蝉更相似。苏格拉底向斐德若提出的简单的建议,与喀耳刻提供给奥德修斯的建议相似:最好参与到对话中去,而不要像野兽一样在正午时沉睡;最好崇敬忒耳普西科瑞(Terpsichore)和厄拉托(Erato),也许甚至还须崇敬司哲学的缪斯神卡利俄佩(Calliope)和乌腊尼亚(Ourania)。荷马故事中塞壬的两面性——将活人变成死尸的危险性,和为了求得精神上的发展而聆听她们歌声的必要性——便可被看成是肉身的怠惰和音乐的庆典。柏拉图让苏格拉底提到的四位缪斯神是经过他本人仔细挑选的,这样做的目的是为了强调文本之间的平行。司哲学的两位缪斯神,即传统上司叙事诗和司天文学的缪斯神,对应的是塞壬所提供的两种类型的知识。哲学将二者合并成真正的自我认识,即关于自身和自身在所有一切之中的位置的知识。苏格拉底崇敬卡利俄佩和乌腊尼亚;斐德若则最好从一开始就崇敬忒耳普西科瑞和厄拉托。在对话中,苏格拉底以多种不同的方式崇敬厄拉托,即司爱情诗和模仿的缪斯神。其中较为明显的一种方式是他和斐德若之间的关系,而这段关系在此文本中对应的则是奥德修斯和他的同伴们之间的关系,后者若按照他们被告知的方式行事的话则是明智的。最后便是忒耳普西科瑞:她掌管的是齐声合唱与舞蹈,这就好比奥德修斯的同伴们合力划船经过塞壬的岛屿。然而,斐德若却不大可能加入到以苏格拉底为中心的合唱中来。

蝉鸣使斐德若感到昏昏欲睡,它们的歌声之美在他身上毫不起作用。苏格拉底的翻案诗亦然。因此似乎看起来,苏格拉底不得不自己完成所有的事情。于是,在柏拉图重新塑造的荷马的故事中,苏格拉底充当了全部的角色:他一会儿是对同伴们说话的奥德修斯,一会儿是对奥德修斯说话的喀耳刻,一会儿又是对奥德修斯唱歌的塞壬女妖(参《会饮》216a)。他甚至还是向听众们讲述整个故事的诗人。就算不是荷马,也必然是德摩多科斯。德摩多科斯也像塞壬女妖一样为奥德修斯唱歌,[107]向他诉说了他在特洛亚的所言和所为,以及关于宇宙和众神的秩序的知识。苏格拉底对这首歌曲十分熟悉。雅典的人们听他唱过很多次,然而当它不能够使他们产生睡意时,他们便十分厌恶这无休止的嗡嗡声。

　　《斐德若》以一段祷告结尾,之后苏格拉底和斐德若便回城了,两人各走各的路(279b—c)。苏格拉底的祷告以如下修辞为基础,即《奥德赛》卷六末尾处,奥德修斯对雅典娜所做的祷告(324—327)。两次祷告均发生在城外的一处圣地,并且祷告完之后,两位祈祷者都进了城。奥德修斯祈求自己能得到费埃克斯人的"友善和怜悯"。换句话说,他希望费埃克斯人能够出于友善,而赠予他应得的礼物,出于怜悯,能帮助他返回故乡。他的祷告得到了回应。费埃克斯人赠予了他大量丰厚的礼物,并小心翼翼地将它们存放在船上,以备旅途之需。然而,真正使他富有的并非那些需要装载的东西:而是德性和智慧,或性格和思想的力量,即阿瑞塔和阿尔基诺奥斯的礼物。这些东西都是属于他的,但他却是在回到伊塔卡之后才完全拥有它们。当他在故乡的岸边醒来时,他意识到必须将自己的宝物藏起来。他祈求雅典娜的帮助,然后还向泉水和洞穴的女仙们求助,好让他把财物都藏在洞穴里(13.228—235,356—360)。雅典娜还用了另一种方式将他的礼物隐藏起来:她将他变成了一个衣衫褴褛的老乞丐(13.429—438)。在这样的伪装下——内在物与外在物之间的又一次失衡——奥德修斯进了城。从柏拉图对苏格拉底回城之前所做的祷告的措辞来看,他十分了解如下二者之间的关系,即奥德修斯在进入费埃克斯人城邦之前的心愿,他曾祈求雅典娜帮助他隐藏天赋(gifts)而做祷告,与他在伪装下返回伊塔卡的意义之间的关系。事实上,苏格拉底祷告的措辞,[108]照应的应该是荷马对奥德修斯祷告的回应所做的描述,而非对祷告本身的描述。

苏格拉底向潘神和当地的女仙们祈祷,正如奥德修斯向雅典娜和隐藏财物的洞穴的女仙们祈祷一样。苏格拉底祈求内在物和外在物能够保持协调。然而促使他祈祷的又是哪方面的不协调呢?与奥德修斯进入费埃克斯人的城邦之前的渴求一样,他在话语中也并未表露出对德性的渴求。之所以说出这番话,是因为他知道德性是需要不断更新的。在《奥德赛》的意象中,他从天上的城邦的统治者那里得到的礼物,已经藏在了女仙的洞穴中;他在世界中心的旅行,和他用来贮藏沿途收集的财物的地方,这两处的环境背景便是他自己的灵魂(参波菲利,《论女仙灵洞》[Porphyry, De Antro Nympharum])。在《斐德若》的意象中,苏格拉底先前在灵魂和理性上的上升,使他已经拥有了最好的德性;然而,任何凡人都不能永远停留在宇宙天顶,并且每一次上升之后都必然紧随着下降,这便表示,即使最好的德性也并非完美无瑕。因此,苏格拉底的祈祷便意识到了不断重新开始和回到整全(Pan)中来的必要性。

尽管如此,苏格拉底所拥有的德性已经够多了。再没有比他更好的人了。然而,尽管他拥有如此之多的德性,他却仍不为自己的城邦所认可。几乎没几个雅典人知道他是什么样的人。斐德若当然也不知道:即便苏格拉底并未掩饰自己,但斐德若仍不明白翻案诗的意象就是苏格拉底灵魂的意象(参《会饮》216d—217a,221d—222a)。因此,柏拉图让苏格拉底在返回雅典城之前做的祷告中所提到的内在物和外在物之间不协调的意义,便旨在照应奥德修斯伪装成老乞丐回到自己城邦时的场景。通过柏拉图对荷马意象所进行的巧妙的重新塑造,迷雾便被揭开了,苏格拉底与斐德若在梧桐树和小溪边所进行的对话,与奥德修斯和瑙西卡娅在类似的田园场景中相遇的迷人场面十分相似,但它其实与如下场景更为相似,即奥德修斯靠坐在位于伊塔卡海岸上,女仙洞穴附近的一棵橄榄树旁,[109]与雅典娜一同密谋如何妥善处置差点毁了他家庭和城邦的无耻的求婚者们。

在苏格拉底祈祷完之后,斐德若说他也祈求同样的事物,但他其实口是心非。这一天对于他而言是既漫长又失望的一天。刚开始还很不错,他一遍又一遍地品读着吕西阿斯的文章。然而一遇到苏格拉底之后,事情就变得糟糕了:他先是对吕西阿斯的文章进行了一番令人不满的模仿,随后又作了一篇既没必要又相当长的认错诗;再来是一番关于修辞术的讨论,既深奥难懂,又和爱欲毫不相干;现在又是祷告——谢天谢地,还好不长。为了体现斐德若对苏格拉底的谈话越来越不感兴趣,柏拉图在对话进行的过程中改变了斐德若的角色:斐德若起初扮演的是苏格拉底所饰演的奥德修斯的瑙西卡娅,接着是瑙西卡娅的女仆(243e),再来是朝着错误的方向倒着游泳的人(264a),最后他成了额外的角色,跟耳朵里塞着熔蜡的奥德修斯的同伴相差无几。在对话尾声处,他似乎已经完全不存在了:倘若我们认为斐德若声称要共同享有的对潘神和女仙们的祈祷,对应的是雅典娜和奥德修斯计划如何回城的情节,那么苏格拉底便是独自一人和神灵待在树旁的。

在苏格拉底和斐德若分开后,斐德若又回去找了吕西阿斯,后者当时正与厄庇克拉底(Epicrates)待在一所房子里,这所房子的主人曾是莫里求斯(Morychus)。这个结果我们原本可以从之前的相处中预测出来,但斐德若所前往的这个不幸的目的地也足以说明,他仍然没有受到苏格拉底所说的任何事情的影响。即便奥林匹亚宙斯的神庙就在附近,煽动家埃皮格拉底的房子,即雅典最糟糕的肃剧家莫里求斯之前的住所，也必然代表着雅典文化稳步下降所达到的最低点。① 在送别斐德若时，苏格拉底托他给吕西阿斯捎个口信。斐德若要把他俩"下来"（*katabante*，278b）到小溪边，把和女仙们在圣地的事告诉他，[110]并将他们在那里所讨论的最重要的部分叙述给他听。这真是个大笑话。斐德若既没有苏格拉底的回忆技巧，苏格拉底能够从他和格劳孔一起"下来"到比雷埃夫斯的时候开始，将《王制》的内容全部回忆出来；他也不像阿里斯托得莫斯（Aristodemus），阿波罗多洛斯（Apollodorus）和斐多（Phaedo）那样对苏格拉底忠心耿耿，这几个人全都努力地将他们所爱之人的重要谈话牢记于心；并且他同吕西阿斯在一起的时候，也不太可能和他同苏格拉底在一起时一个样，即使他手上有他们谈话的文章。柏拉图之所以让苏格拉底传达这个讽刺的消息，目的是为了告诉读者，尽管斐德若和吕西阿斯都听到了苏格拉底所说的话，但他们却连《王制》的起点都还没有越过。

　　在返回雅典城时，苏格拉底走在斐德若的旁边，但他们却走向了不同的道路。苏格拉底在出城之后，走了很远，之后再返回家中。就这层意义而言，《斐德若》在美学层面上是完整的，它的结局就是答案。然而，苏格拉底还在找寻归所，他希望能够尽快去往一个能认可自己的城邦。就这层意义而言，《斐德若》又是不完整的，其结局的意象，又引出了另一篇唯一发生在城外的对话：《法义》。在《斐德若》的结尾，苏格拉底走向雅典，其实就是奥德修斯走向费埃克斯人的城邦以及奥德修斯走向伊塔卡两者的结合。若将伊塔卡和斯克里亚岛合起来看，它们便构成了马格尼西亚城，即《法义》

---

① 参菲利普，《柏拉图〈斐德若〉中的主题复现和拓扑学》，刊于《形而上学与伦理学杂志》（A. Philip, "Récurrences thématiques et topologie dans le « Phèdre » de Platon", *Revue de Métaphysique et de Morale* 86, 1981, p. 457）。

里言辞中的城邦,在这座天上的城邦里,假扮成雅典异乡人的苏格拉底将受到亲切的礼待,并被人认出自己是什么样的人,①同时还将得到最为丰盛的礼物。

---

① 对观《斐德若》275b,此处引用了《奥》19.162—163;《法义》624b,此处引用了《奥》19.178—179,以及对《奥》19.178,23.167 的评注。

家 与 床

[111]在佩涅罗佩认出了奥德修斯之后,他终于回家了,雅典娜为他们阻止住了黎明晨光升起。在时间静止的这一刻,奥德修斯将和自己心爱的妻子一同入眠。然而,由于他毫不隐瞒地承认,在他"下来"到哈德斯的那天,特瑞西阿斯曾预言他们将遭遇进一步的考验,于是他们的谈话又持续了一会儿;审慎的佩涅罗佩深爱着奥德修斯,她的爱超过了他所经历过的任何风险,于是她请求奥德修斯将那些预言说给她听(23.241—262)。特瑞西阿斯已真实地预言了他和他的同伴们将要克服的阻碍和逆境,倘若他们要回家的话(11.100—120),但他同时还说到,奥德修斯必须经历更远的旅行(11.121—134),并且还透露了奥德修斯怪异的死亡方式(11.134—137)。奥德修斯将预言的后半部分告诉了佩涅罗佩,[112]并且"毫不隐瞒"(*oud' epikeusō*, 23.265)。他必须出门远游,直到他发现一个不知道海的部族。特瑞西阿斯告诉他一个标志——奥德修斯通过重复地说自己不会隐瞒(*oude sekeusō*)佩涅罗佩,从而对这一标志进行了强调——扛在他"健壮的肩膀"上的船桨,即对于船而言就像"翅膀"(*ptera*)之于鸟一样的船桨,会被误认为是另外一样东西(23.267—275)。一旦奥德修斯找到了他们,他就必须将船桨插进地里,然后回家,向"所有神明按次序"

献上祭礼(23.281)。然后死亡便会"从海上平静地"降临于年迈的奥德修斯(23.281—284)。当仆人们正在给他们铺床时,佩涅罗佩说到,她认为特瑞西阿斯的意思是指,奥德修斯将有望远离种种苦难(23.285—287)。

在《王制》中,柏拉图让苏格拉底向他匿名的朋友回忆前一夜发生的所有事情。"昨天,我下到比雷埃夫斯港去",他开始说到,苏格拉底将讨论过的每件事都毫不隐瞒地回忆了一遍,他的朋友也听得十分耐心,直到他讲完了潘菲利亚人厄尔的"拯救的故事"(《王制》621b—c)。苏格拉底像奥德修斯对佩涅罗佩那样,讲述着令自己的归程一再拖延的艰难考验。正如佩涅罗佩认得她的丈夫一样,他也在坦然地对一个认得他的人说话:这个人可以是柏拉图本人,也可以是任何一个像柏拉图那样爱着他的读者。苏格拉底的第一句话所包含的戏剧力量,让人想起了奥德修斯透露的特瑞西阿斯的预言,并促使他真正的朋友询问在逃离苦难之前,还需要面临哪些其他的考验。

柏拉图在好几篇对话中,都将特瑞西阿斯的预言作为一个象征来使用,以此体现它们之间的联系,《王制》可被视为苏格拉底漂泊与回归的故事,而《法义》则可被视为他随后的旅行故事。死亡"从海上"降临的故事,在《蒂迈欧》和《克里提阿》中开始,即在普林特里亚节庆典当天,阿尔喀比亚德乘船驶入比雷埃夫斯港,在《斐多》中出人意料地平静地结束,即在等到被派往提洛岛(Delos)履行圣职的雅典船队归来之后,苏格拉底便被处以死刑(《斐多》58a—c)。在柏拉图创作这些对话之前的几个世纪里,奥德修斯后来的旅行和神秘死亡的修辞,成为了新叙事诗创作的基础,创作这些叙事诗的诗人们将《奥德赛》视为一部插曲式的(episodic)不完整的作品:比如我们所知道的《特勒戈尼亚》(Telegouia),在这部作品中,奥德修斯据说是被他和喀耳刻所生的儿子所杀。然而,柏拉图看待荷马作品的方式却有所不同,他能够充分欣赏诗人笔下丰富而细密的象征结构和精细入微的创作技巧。对于他而言,《奥德赛》并非不完整。如果应该有一个结局的话,柏拉图可能会赞成解释传统的说法,即《奥德赛》的结局应该是在仆人们把一切都准备好之后,奥德修斯和佩涅罗佩终于一起相拥入眠(《奥》23.296及评注)。在他们亲吻拥抱的时候,奥德修斯向佩涅罗佩讲述了特瑞西阿斯的预言,此番讲述是以相认的爱欲为基础的,这对于理解这番话所揭示的意义而言,要远比其字面意思重要得多。苏格拉底所说的话,和他与说话对象之间的关系,这两者之间也有着与之类似的紧张关系——"所说的话"和"说话行为"之间的紧张关系(a tension between the "said" and the "saying")——这一紧张关系贯穿了整部《王制》和《斐德若》,并偶尔会出现破裂,而它最明显的体现,就是在对苏格拉底翻案诗的揭示中。

　　特瑞西阿斯是一个神秘莫测的人。佩涅罗佩比奥德修斯先一步理解了他话里的意思,就算她不是在一听到这番话就立刻理解了的话,那么也必然是在黎明前的某个时候,也就是在他们为重新拥有彼此而感到欣喜不已的时候。她向他倾诉了自己所忍受的一切(23.300—305),他也讲述了自己的旅行经历,既不隐瞒他和喀耳刻以及卡吕普索之间的实质关系,也不隐瞒敬他爱他的费埃克斯人送给他礼物的事(23.306—343)。不会再有其他的旅行了。佩涅罗佩的爱使她看清了这一切,并且她确信奥德修斯已经回家了。特瑞西阿斯谜一般的预言中,让奥德修斯感到苦恼的那个部分已经实现了。如今他只需解开这个谜团,并认识到他其实已经找到了不知道海的部族就行了。特瑞西阿斯在描述奥德修斯回家之前的旅行经历时,没有明确提到费埃克斯人这一部族,[114]这个部族拥有具有魔力的大船,它们的船桨就像翅膀一样。假如奥德修斯将这样一支船桨扛在他"闪亮的(*phaidimōi*[发光、光辉、漂亮的])肩膀"上(23.275),那么最优秀的费埃克斯人(*Phaiēkōn*[闻名的(英雄)])必然会将其视为他的翅膀。在佩涅罗佩认出他的那一刻,他也应该明白自己已经回家了。当他们流着泪第一次拥抱对方的时候,他们看待彼此的方式应该是一样的:在荷马精彩的描述中,她见到他之后的感觉,就好像一个拼命在大海中挣扎以躲避波塞冬将其船只摧毁的人,终于望见渴望已久的陆地时的感受一样(23.231—240;参5.391—399,8.523—531)。相认的爱欲使他明白,伊塔卡就是斯克里亚岛,佩涅罗佩就是瑙西卡娅。

如果一切进展顺利,那么将不会再有新的旅行了。奥德修斯必须认识到他在旅行中所经历之事的全部意义,而他乱作一团的家和王国,也必须通过一系列谨慎的决策,才能拥有费埃克斯人政体的秩序。特瑞西阿斯说过,他要寻找的部族,会误以为他的船桨是一把扬谷的铲子(*athērēloigos*;23.275):若将船桨视作普通的木制工具,那么其字面意义就是"谷物的破坏者",即簸谷机,而如果将船桨视作翅膀,那么其字面意义就是"武器的破坏者"。当爱欲的翅膀萌发时,灵魂将变得完全不再好战。不需要拿起武器去和无尽的困难作斗争,只要拥有和爱的思绪一样敏捷的翅膀,便可通过飞行来解决问题。这里的意思不是指逃避它们——世间的罪恶永远存在——而是指更好地去思考应该做些什么。奥德修斯在听到德摩多科斯揭露他在特洛亚沦陷时的残暴行为后,不禁泪如雨下。这种认知在他回家以后,依然指导着他的行为。然而,求婚者们如同库克洛普斯人一样傲慢粗俗,他们甚至企图毁掉他的家庭,搞垮他的政体,实在让人无法忍受。特瑞西阿斯的预言赋予了他神圣的许可,如有必要,可将这些人处死,但从此之后便不可再使用暴力(11.118—123)。但由于一时的愤怒和软弱,奥德修斯忘记了警告,越过了这条界限:于是他便使伊塔卡开始陷入残酷的内战之中(23.348—370)。他将如同浑身遍布凝固血迹的凶残的阿瑞斯一般穿行过自己的城邦。雅典娜大声呼喊,恐吓集结的战士们,让他们放下武器,并命令他们和平地解决问题,"不可流血"(24.528—535)。[115]然而怒火中烧的奥德修斯没有听见她的

话。于是宙斯不得不向他的双脚掷出一道闪电从而使他恢复平静
(24.537—544)。

尽管有证据证明奥德修斯的过失,但在《奥德赛》所讲述的故
事中,他的萨满之旅已经完成了。然而,他却并未明确表述自己对
如下事物的最终理解,即他的旅行的精神方面和政治方面之间的
关系,也就是爱欲和政治正义之间的关系。一切留给读者去定义。
在柏拉图将苏格拉底塑造成一位更伟大的英雄的过程中,并未出
现与之类似的令人羞愧的过失:苏格拉底克服了奥德修斯最终都
无法克服的弱点,即追求荣誉(《王制》620c)。此外,苏格拉底总是
能够明白奥德修斯竭力所学的东西。对奥德修斯漂泊与回归的故
事的重新塑造,贯穿于柏拉图对话中,但苏格拉底的旅行,却早在
任何一篇对话开始之前就已经完成了。苏格拉底总是早已抵达终
点。而他的对话者,还有柏拉图的读者,即旅行中的同伴,他们的
回归还尚未可知。

在《斐德若》中,奥德修斯和瑙西卡娅相遇的场景,被重新塑造
成苏格拉底和斐德若讨论的场景,但从翻案诗中可以看出,苏格拉
底已经知道了费埃克斯人就是错把船桨当成翅膀,并"按次序"祭
拜全体神灵的部族。在这一幕结束后,斐德若未能扮演好自己的
角色,因而读者必须来接任它。在《蒂迈欧》和《克里提阿》中,奥德
修斯在费埃克斯人宫廷上受接见的场景,被重新塑造成苏格拉底
在克里提阿家中接受款待的一天。克里提阿和蒂迈欧都过于渴望
教导苏格拉底,在这一幕场景结束后,柏拉图的艺术技巧使读者看
清了隐含在苏格拉底简洁的话语和长时间的沉默中的意义,即他
早已理解了德摩多科斯的歌曲向奥德修斯所揭示的一切。奥德修
斯旅行的精神和政治意义,被重新塑造成《王制》中关于灵魂的类
型和城邦的类型,以及与此类似的讨论,在这段对话中,苏格拉底
最为勇敢的同伴之一,格劳孔,因为宰杀了赫利奥斯的牛群而最终
失去了回归的机会;他拒绝跟随苏格拉底去了解高于实在的善,因

此,这一晚的讨论便不能像描述正义城邦那样得出一个结论。
[116]在这一幕结束之后,读者需要自己去领悟,格劳孔对于苏格
拉底所描述的景象不予以理会,这将使他被困在美好城邦中,而
《王制》中未能得出结论的讨论,则将在别处继续进行。

　　奥德修斯直到佩涅罗佩承认他之后,才算是真正回家了,而佩
涅罗佩也是在他通过了最有说服力的考验之后,才承认他的。在
他们的第一次私人谈话中,她问这位饱经旅途风霜的异乡人是谁;
在了解到他有意回避这个问题,而说自己在克里特岛曾遇见过奥
德修斯之后,她又问他奥德修斯当时所穿的衣物。那件衣服是佩
涅罗佩亲自给他的,因此这位异乡人的准确描述使她相信了奥德
修斯即将归来的消息(19.105—307)。在老女仆欧律克勒亚(Eu-
rykleia)为他洗脚时,认出了他脚上的伤疤,但她必须保守秘密,而
此时的佩涅罗佩也已决定相信他的话。她说她打算让求婚者进行
一个比赛:倘若谁能给奥德修斯的弓上弦,然后射箭——就像他经
常做的那样,站在很远的地方——穿过竖立成一排的十二把斧头
的手柄,这十二把斧头就像支撑建造中的船龙骨的木材一样,那么
她就嫁给谁(19.570—580)。次日,求婚者们甚至连弦都上不了。
此时这位异乡人请求试一试自己的力气,在求婚者们正议论着他
是否有权这样做时,佩涅罗佩离席了。她没有看见他轻而易举地
给弓上了弦,并用箭射过了斧柄;[117]她没有看见求婚者们害怕
得面色发白,她也没有看见奥德修斯在儿子和仍然忠诚于他的家
仆们的帮助下,把求婚者们统统杀死,只留下了传令官和歌人(22.
330—380)。当乳娘叫醒佩涅罗佩,告诉她奥德修斯就在屋子里,
而且求婚者都已经被他杀死时,她还不相信,直到欧律克勒亚告
诉她,乔装的异乡人就是奥德修斯(23.1—38)。然而,当她下楼去
见他的时候,心里仍旧半信半疑。屋子已经很快被打扫干净了,但
奥德修斯的衣服却被血迹和污物弄脏了。尽管眼前这个人看起来
很像自己的丈夫,但佩涅罗佩却仍然沉默不语(23.85—95)。她还

无法承认他。证据依然不足。尽管他把她送的衣服描述得准确无误，尽管他的外貌确实十分相似，尽管他利用这场比赛杀死了可恨的求婚者们——任何强大且聪明的人都可以成为成功的谋杀者——而且就算他坦白地说自己就是奥德修斯，她的丈夫，证据也依然不足。

　　当奥德修斯沐浴完之后，穿上光鲜整洁的衣服，佩涅罗佩仍然一言不发，于是他失去了耐心，叫人为他准备床铺。佩涅罗佩终于开口了。她吩咐欧律克勒亚将奥德修斯自己的床移下来，就是那张他在多年前亲手制作的床（23.163—180）。奥德修斯勃然大怒，质问这张自己制作的无法移动的床如今为何能够移动，佩涅罗佩终于热泪盈眶，她肯定眼前这个人就是奥德修斯，并亲吻了他（23.181—208）。当佩涅罗佩向他解释自己不得不跟他一样谨慎狡猾时，奥德修斯也流下了泪水，他深知自己妻子的品行，而且他也知道自己终于回家了（23.209—240）。然而，尽管奥德修斯对他们的床的描述是准确无误的证据，而佩涅罗佩对这次考验所做出的解释也是出于真心实意，但前提是他们双方都必须忠于彼此，并且在过去的二十年里，没有向任何人透露过这张床及其构造的秘密。最亲密的事往往是不可测验的，而对于奥德修斯和佩涅罗佩而言，他们也从未质疑过彼此。

　　荷马对奥德修斯回家的描述，使人想起了奥德修斯在费埃克斯人那里受到的接待。佩涅罗佩既是瑙西卡娅也是阿瑞塔；奥德修斯在两方面打败了求婚者，一是比赛，这恰如他通过掷铁饼让拉俄达马斯和厄律亚洛斯变得哑口无言一样，[118]二是通过狡诈的埋伏，这也和德摩多科斯的歌曲所描述的一样，即他用类似的诡计致使特洛亚被屠城，还有就是床。荷马对奥德修斯和佩涅罗佩的床的描述，可以和赫菲斯托斯的床作一个比较。奥德修斯用一棵活的橄榄树作为他婚床的一个床柱，用斧头把它修整好，再将其与床架的其他部分用钻子固定在一起。奥德修斯说，只有神可以移动它。如果有人想要移动它,那么必须将这棵依然活着的大树的树干砍断才行(23.183—204)。① 这张床以宇宙中心的树做床柱;制作的技巧和工艺都以保护这棵树为宗旨;爱欲维持着这张不可移动的婚床,除非神灵要移动它;破坏此床就是背叛,罪行等同于通奸。奥德修斯的床和赫菲斯托斯的床十分相似。然而,赫菲斯托斯的床却受到了玷污。阿瑞斯通过引诱阿芙洛狄忒而侮辱了赫菲斯托斯的床,但一个巴掌拍不响。阿芙洛狄忒也接受了这位鲁钝的引诱者的冒险请求,从而玷污了这张床,但她之所以会感到不满肯定也是有理由的。其中一个理由就十分明显,赫菲斯托斯对这张用来活捉这对偷情人的精心打造的网十分引以为豪,这种自豪感甚至超过了被众神发现戴绿帽的羞耻感。赫菲斯托斯用他更加精妙的技艺侮辱了自己"设计精妙的卧床"(8.277)。当德摩多科斯歌唱阿瑞斯和阿芙洛狄忒的故事时,奥德修斯想到了自己的婚床。因此,他唱的特洛亚之歌便能更有效地教育奥德修斯,让他明白他所使的诡计已使自己与残暴的阿瑞斯无异。[119]并且当佩涅罗佩借机提起他们的婚床一事来测试奥德修斯时,也让他想到了这一点。但二者之间又有一个显著的差别:佩涅罗佩让奥德修斯回忆起来的,是他在前往特洛亚之前就已经明白了的。

　　柏拉图在好几篇对话中,都重新塑造了荷马笔下的床,并运用

① 解释此床构造的学者们通常认为,正如人们所理解的那样,这张床的构造象征着婚姻的自然和传统两个方面之间的关系。对于多尼格而言,这张床是"婚姻的隐喻,它对性欲的生命力加以管束和调理,并使之长久",参《奥德修斯和娜拉的归来》,见《文学的想象、古老与现代:纪念大卫·格雷纳文集》,布雷福格尔编(Wendy Doniger, "The Homecomings of Odysseus and Nala", in *Literary Imagination*, *Ancient and Modern*: *Essays in Honor of David Grene*, ed. T. Breyfogle, Chicago: University of Chicago Press, 1999, p. 93). 对于布莱恩而言,若没有"充满生机的"树做床柱;那么这张床便象征着"缺乏自然基础的无根无家无爱的婚姻",参《荷马的时刻:〈奥德赛〉与〈伊里亚特〉阅读乐趣的线索》(*Homeric Moments*: *Clues to Delight in Reading the* "*Odyssey*"*and the* "*Iliad*", Philadelphia: Paul Dry Books, 2002, p. 288).

完美的技艺将它们四处移动。在《蒂迈欧》的开头,尽管苏格拉底让大家注意他新穿的节日服装,但大家仍然没有认出他是谁。因此,隐含在德摩多科斯的阿瑞斯和阿芙洛狄忒之歌中的爱欲,亦隐藏在如下重新塑造中也就不足为奇了,即柏拉图为蒂迈欧的宇宙论对赫菲斯托斯的世界观所进行的重新塑造。但蒂迈欧的世界里全是网,没有床。更糟糕的是:柏拉图使用奥德修斯的床这一象征,实际上是在暗示蒂迈欧的技巧毁掉了作为此床根基的活树。奥德修斯用一把斧头和一个钻头打造了这张床,从而保住了这棵宇宙中心之树的生命;而杀死它却只需挥一挥斧头就够了。蒂迈欧的技巧是划分和使用斧头,仅此而已。因此,他的宇宙全是分散的各个部分,它不因爱欲而统一,亦不受爱欲的驱使而运动,它没有生命。相比之下,在《斐德若》中,宇宙中心之树——筱悬树——却自始至终都存在。虽然或许没有明确提到床,但在柏拉图的改写中,却到处弥漫着奥德修斯和瑙西卡娅相遇时的爱欲的紧张气氛,这种气氛贯穿了翻案诗中对爱欲的描述,即爱欲流经宇宙中的一切事物,并充溢着爱人们的灵魂。在苏格拉底对辩证法的描述中,柏拉图用较为平淡的笔触,再次提到了奥德修斯在建造他的床时所使用的技巧:划分与综合,对应奥德修斯的斧头和钻头;恰当地使用工具,对应他对"参天高的"大树所进行的修整;使用技术手段的目的,对应婚姻的爱欲;最后,便是认识到神灵的至高无上性。在《会饮》中,荷马的床的爱欲部分,在阿里斯托芬滑稽的人类系谱学中体现得最为突出(189c—193d)。在从前的某个时代,两性人像蝉一样,在土中繁衍后代,而不是通过两两交配,宙斯用他划分与综合的专长,解决了他们造反的问题。他将他们的灵魂与肉身分成两半,并创造了爱欲。爱欲是灵魂中对如下两者的渴望,即治愈伤口,[120]和通过找寻另一半并与之永远在一起而再次变得完整。宙斯的这个工作起初进展得并不令人满意,可一旦将人类的身体再稍作调整,事情就变成我们现在所知道的样子了。柏拉图的阿里斯托芬毫不费力地向人们概述了德摩多科斯歌曲中的爱欲。他的世界里全是爱欲，而没有网。他甚至让赫菲斯托斯以配角的形式出现在了颂词中，但也只是让他向爱人们提供完全多余的服务而已（192d—e）。

在《会饮》的结尾，阿里斯托芬和阿伽通犯困了，他们喝得太醉，没精力再去反驳苏格拉底的观点，即有学识有技艺的诗人应兼长肃剧和谐剧。没人和苏格拉底说话了，于是苏格拉底便帮他们盖好被子，第二天继续处理自己的事务，之后才回家歇息（223c—d）。假如辩论的过程因醉酒而丢失，而又要将被遗忘的部分找回来的话，那么便可从柏拉图对话中无所不包的诗学（comprehensive poetics）入手，它把肃剧和谐剧的形式，都纳入了苏格拉底哲学生活的叙事故事中。苏格拉底与一般的英雄不同，他意义非凡的言行举止，往往被平淡无奇的说话方式和朴素平常的生活态度所掩盖。

在探询的人生里，基本不存在传统意义上被看作是肃剧或谐剧的东西，但它所拥有的戏剧性和幽默感，却在《王制》末卷中苏格拉底和格劳孔的一次有趣的讨论中得以充分体现。当苏格拉底承认自己是一个"受到吸引"而"透过荷马"来思考事情的"诗的爱好者"时，他是想暗示格劳孔最好也考虑这么做（607c—d）。在那一晚的谈话中，格劳孔发表了很多大胆的言论，其中最为突出的就是他对诗人的批判和审度，尤其是对荷马。为了测试他对诗歌模仿的本质的理解，柏拉图让苏格拉底促使他思考不同类型的床，以及它们与神造的床之间的关系。换言之，苏格拉底测试的是格劳孔对荷马的床的熟悉程度。但格劳孔似乎不太可能明白自己被问的问题究竟是什么。[121]柏拉图对此次测试的描述，以佩涅罗佩测试奥德修斯的场景为基础，可他却将《奥德赛》中的这段插曲重新塑造成了一出谐剧，但仍为如下修辞保留了其戏剧中的亲密成分，即苏格拉底和他沉默的、被逗乐的听众之间的关系的修辞。倘若有人疑心格劳孔将会陷入苏格拉底对床的描述的悖论中,那么当柏拉图让苏格拉底以一句挖苦的话开始此次讨论时,即格劳孔对模仿的理解可以得益于他相对"迟钝的眼光"(595c—596a),这一疑虑便自然打消了。

在苏格拉底的提示下,格劳孔欣然赞同了一共有三种类型的床的说法。画中的床模仿的是工匠制作的床,而工匠的床模仿的则是神造的床。神造的床是原初的床,工匠的床是摹本,因此画师的床则是摹本的摹本(596e—597e)。然而,我们并不能完全信以为真。因为从明显的常识来看,苏格拉底自己的叙述中就有几处违背该观点的地方(597b—c,601c—d)。究竟是什么让神想要造一张床?是出于使用的需要吗?又是什么突发奇想或者需要使得神只造了一张床?当他开始着手制造它时,难道他没有可能是在模仿某个早已存在的床的理念吗?究竟是存在三种不同类型的床,还是同一张床存在三种理念,亦或是一张床的一种理念存在三种不同的理解?此番讨论中所出现的诸多困惑,统统归结于其存有疑问的第一个前提。原型本身就是一个摹本:正如苏格拉底所描述的那样,神造的床显然既模仿了工匠的床,又模仿了画师的床。[①] 但是,苏格拉底为什么要使用这样一个不明确的意象呢?对原型的困惑——被误会的言论和身份——是谐剧得以存在的支柱。苏格拉底面无表情地陈述着令人费解的观点,把格劳孔说得糊里糊涂,从而产生了幽默的效果。[122]然而,苏格拉底之所以作弄他其实还有一个更为重要的原因。对原型和对摹本的本质所感到的困惑,同样也是智术发挥作用的基础(596c—e)。尽管格劳孔对智术嗤之以鼻,但是由于他误解了哲学的本质,因此还是受到

---

① 在《原史》中,希罗多德说到,庙塔的最高层供奉的是贝勒(Bel),即巴比伦城的宙斯,但那里却没有任何神的象征物或画像;然而,在那儿却陈设着"一张异常巨大的床"供神使用(希罗多德《原史》;1.181)。柏拉图很可能借用了这一记载,或与之类似的游客的描述,作为苏格拉底讨论中的意象的来源之一。

了智术的影响。也许苏格拉底之所以让他产生这种正确的困惑，令他好好思考几分钟，也是想对他有所帮助吧。

　　佩涅罗佩对异乡人仍存有疑虑，尽管她身边的人都说那是她丈夫，直到最后他激动地回应了她故意误导他的话，她才终于打消了疑虑，异方人向她证明了自己知道原型、摹本和摹本的摹本之间的区别。奥德修斯制造的独一无二的婚床——原型——和普通的、可移动的床——相当差的摹本——之间简单的差异，足以使佩涅罗佩的床的计谋奏效。但这存在的风险也是相当大的。因为婚床本身也是一个摹本。在制造它时，奥德修斯便是一个工匠。他用恰当的工具和技艺来保护作为此床根基的宇宙中心之树的生命，奥德修斯在打造自己婚床的时候也在模仿那个真正的原型：这个原型并不是神造的床，即被想象成是普通的床在天上的影像；甚至也不是认为技艺胜过爱欲的赫菲斯托斯所造的床，而应该是不可移动本身。奥德修斯的床是真正的原型的真正的摹本，故而也就是原型本身的摹本，因此它与普通的床之间便有一些差异，应该区别看待。

　　格劳孔没能通过床的测试。也许是因为他虽然聪明，但过于鲁莽，甘愿让自己一头栽入引诱他的知识困境中，同时还被自己不完善的爱欲给深深困扰着（402d—403b，474c—475b）。因此，他认为苏格拉底三种床的论述让人十分困惑，并决定不再扮演一个不值得同情的谐剧人物的角色：被拒绝的求婚者，也就不足为奇了。开玩笑的戏弄旨在揭露一个事实，即他将荷马看作是一个对诗歌模仿的本质缺乏足够了解的人，然而比起这番戏弄，苏格拉底的床的测试所存在的风险还要更大。格劳孔的失败，同时还使人们对整晚关于正义本质的讨论产生了怀疑。

　　[123]当苏格拉底第一次找到机会离开克法洛斯家的聚会时，格劳孔和阿德曼托斯阻止了他离开比雷埃夫斯回家，并强迫他留下来给大家一个合理的解释，为什么正义比不正义好（357a—b）。

他们坚持认为,苏格拉底只对正义的本质本身进行了解释,而没有顾及到它的结果(358b—367e),忽视了苏格拉底对正义最初的定义,即最好的那类东西,不仅本身对我们有益,且从其本身中可产生各种使人幸福的事物(357b—358a)。为了安抚他们,苏格拉底用他们对正义的理解作为一个意象的原型:正义的城邦的秩序。接下来,为了确定他们建立的这座言辞中的城邦是否真的正义,苏格拉底建议以如下方式来对其进行检验,即将它的形式看成是一个正义灵魂的秩序的模型(434d—435a)。但要如何才能使它成为一个令人满意的测试呢? 一个意象的意象与其原型的意象相对应,这根本证明不了什么。并且又该如何检验正义灵魂本身的意象呢? 若要弄清楚这个问题,就必须将它与真正的原型作比较。格劳孔迫使苏格拉底用他的方式来处理问题,但苏格拉底深知此番论证会发展到什么地步:格劳孔的"方法"是不能解决问题的,他说这话的时候已经有些不耐烦了;要解决问题,必须走另一条"更长远的道路"(435c—d)。格劳孔的方法推导出了一套关于正义灵魂的论述,即一个不完善的原型的真正意象的一个真正的意象:他对正义及其与好之间关系的最初的理解。苏格拉底反复地尝试引他绕出这个圈子,但都无济于事。当苏格拉底终于有机会论述"更长远的道路"时(504b),即上升到看见"高于实在"的善,这种善可以使灵魂产生真正的正义,也就是顾及到了结果的正义,而格劳孔却断然将其贬低为"着魔的夸张"(509b—c)。格劳孔未能听从苏格拉底的劝告,并且无法阐明他对原型和意象的理解,的确值得同情,但同样也很"可笑",正如苏格拉底自己向他的朋友所描述的那样(509c)。然而,当苏格拉底又给了格劳孔一次失败的机会时,结果却完全令人捧腹。

　　错过笑话的笑点通常让人觉得尴尬。在感到尴尬的时候,想要掩饰自己懊恼情绪的欲望会非常强烈,[124]于是便干脆直接严肃地否认根本没什么可笑之处。可叹的是,在柏拉图的学术研究史上,苏格拉底就神造的床对格劳孔进行的逗弄已经完全变味了。人们将原型的、摹本的和摹本的摹本,从《王制》的这些篇章中提取出来,使之作为如下推断的基础,即对柏拉图的"形式理论"所进行的学识渊博的推断,而完全不考虑苏格拉底故意给出个有瑕疵的原型的用意。原型和摹本的这一模型,与《蒂迈欧》的宇宙论之间的相似点已经得到了认可。因此我们可以得知:柏拉图十分希望读者在思考蒂迈欧的故事时,即神匠模仿一个神圣的范式来建造宇宙的故事,能够回想起苏格拉底的神造床的意象。蒂迈欧的宇宙论和《王制》中美好城邦的构造之间的相似之处,同样也得到了认可。于是我们又可以得知:苏格拉底在三种床的论述中所说的原型的和摹本的模型,便是以上二者的基础。但文本之间的相似之处本身并不足以证明如下观点,即柏拉图希望读者通过格劳孔,蒂迈欧和克里提阿的有限的理解来解释对话。柏拉图的苏格拉底不是形而上学的和政治的观念论者,柏拉图也不是。然而,经历了数个世纪,"柏拉图主义"这幢摇摇欲坠的大厦,终于通过对话中的这些和与之类似的篇章建立起来了,但学者们却是以极其庄严而正式的态度去对待它的,根本不考虑为它树立一个富有幽默感的形象。其实我们早就应该推翻它,让它瓦解了。

在佩涅罗佩私自测试奥德修斯时,她用误导性的话来描述他们的婚床,揭示他们真正的亲密关系。在《王制》中,柏拉图两次重新塑造了床的测试的修辞:苏格拉底在描述三种床时所说的误导性的话,测试了格劳孔的幽默感,但从苏格拉底在整篇对话中的叙事口吻来看,其中饱含着一股亲密感,这表明,在第二天复述这个笑话的时候,已经认出了他是什么样的人的那位朋友,将能够理解这个笑话的含义。[125]除非我们阅读《王制》能像苏格拉底的那位朋友倾听苏格拉底一样,即能够理解他的第一个字里所隐含的相认的爱欲,否则柏拉图对话将似乎永远都是遥远而陌生的事物。苏格拉底话语中生动的幽默和戏剧的分量(dramatic weight)将受到误解,而柏拉图对其一生所做叙述的意义,也将继续被埋没在错误的教条学说的碎石瓦砾下。

　　佩涅罗佩测试了奥德修斯两次。床的测试是私下里进行的,在这之前,佩涅罗佩还举行过公开的竞赛,要求所有参赛者给奥德修斯的弓上弦,然后射箭穿过排成一排的十二把斧头的手柄。倘若在场的人中有谁能够做到奥德修斯所做的,那么这个人将被所有的伊塔卡人视作奥德修斯,而佩涅罗佩也将公开认他作丈夫。在佩涅罗佩看来,这项测试的挑战已足以检验一个人够不够格了;而在奥德修斯看来,这也同样是卸掉伪装,宰杀求婚者的大好机会。在这一切发生的时候,佩涅罗佩回房睡觉去了,因此她没能目睹奥德修斯此次比赛的成功与失败;于是在她醒来以后,她不能肯定站在眼前的这个衣服上布满血迹的人,是否真是自己的丈夫。因此,必须再进行一次更加亲密的测试。

　　在《王制》中,柏拉图同样测试了读者两次。对话的第一个字——*katebēn*[下降]——是相对而言更加私人也更加亲密的测试。而公开的测试,即第二次认出苏格拉底是谁的机会,出现在对话的末尾。柏拉图在苏格拉底所讲述的厄尔的故事中,重新塑造了佩涅罗佩的射箭比赛。当奥德修斯给弓上好弦,并射箭穿过了所有斧头之后,求婚者们立马知道了他是谁,尽管他伪装得很好。奥德修斯已经旅行归来,瞬间出现在了他们面前。尽管他们没能活着听到这个故事,但奥德修斯已经从亡者之境哈德斯,和费埃克斯人的国度斯克里亚岛回到伊塔卡。在荷马所使用的萨满意象中,奥德修斯的箭犹如宙斯的闪电般从远处射中目标;排成一线的斧头手柄,就好比支撑着建造中的船龙骨的木材,手柄上的孔,便是宇宙之轴与天体的相交点,一切都好像宙斯从天外境界所能看到的一样;[126]在箭冲出去的那一刻,奥德修斯的回归与重生便难以分辨了。

　　在柏拉图对荷马意象的重新塑造中,神灵让潘菲利亚人

（Pamphylia［所有民族的］）厄尔从精灵之界活着回来，在精灵之界，亡者的灵魂将受到审判，并在获得重生之前选择新的生活，这样做的目的是为了将人死后的秘密公诸于世。当亡者的灵魂要去选择新的生活时，他们将来到一个翁法洛斯之地，这个地方容易使人想起宇宙之轴升上天时所冲破的宇宙天顶上的那个地方。他们将此轴看作一根将所有事物维系在一起的光柱，"就好像海船的龙骨一样"（616b—c）。在他们都选好了各自所认为的最好的生活以后，大地开始震动，同时伴有雷声，在刹那之间，如同闪电或流星一般沿着宇宙之轴散向他们各自的重生地（621a—b）。在苏格拉底讲述的厄尔的故事中，神灵只让他看到了一件这样的事。在那一天，奥德修斯的灵魂最后一个选择新的生活。克服了自己最后的弱点，即追求荣誉，并十分庆幸地找到了"只须关心自己事务"的人的生活（620c）。灵魂化作一道闪电，沿着宇宙之轴飞射而出，穿过宇宙天体，获得重生。在那一箭冲出去的时候，苏格拉底便如同新生的奥德修斯一般站在我们面前。当奥德修斯击中目标时，求婚者们吓得面色发白就不足为怪了。苏格拉底从更远的族程归来，赤手空拳，满足地步入甜蜜的梦乡。

译 后 记

    柏拉图各篇对话之间的关系问题一直是个谜。为了解开这个谜团，本书以柏拉图对话为本，荷马史诗为轴，将《王制》、《蒂迈欧》、《克里提阿》、《斐德若》和《法义》这五部对话串连起来，通过从对话的文学特征入手，理清柏拉图如何模仿《奥德赛》，以及如何将这部史诗的各个部分安排在对话中，从而更好地理解每一篇对话所体现的哲学和政治思想，以及它们与柏拉图其他主要著作之间的关系。

    作者认为，《奥德赛》中的象征和萨满教之间拥有诸多的相似之处：沿着宇宙之轴上升和下降，体验超验的事物，指导他人的生活并使其所处的社会变得秩序井然，还有他们均用到了树的意象。在柏拉图的笔下，这些象征在两个方面一一得以重现。首先是精神方面，《王制》一开场，苏格拉底便下往比雷埃夫斯，在那里展开了一夜的讨论，在后来的谈话中，他又上升至"高于实在的善"的视界，这个情节便与奥德修斯下往哈德斯去探听回归的路程，和之后上升至旅行的至高点相对应；此外，灵魂的上升和下降的意象还体现在《王制》结尾的故事中，即一个名叫厄尔的人从冥府归来，讲述了人死后灵魂在冥府的经历，每个灵魂要通过沿着宇宙之轴行走来获得重生。在政治方面，与秩序混乱的伊塔卡城和奥德修斯的权威相对应的是,雅典的智术师与政治人士和苏格拉底的权威,归国后的奥德修斯拥有与萨满僧人一样的治愈能力,他在公布身份后,恢复了国家的秩序,苏格拉底也是活着的雅典人中唯一一个懂得"真正的政治艺术"的人,但他却未能得到雅典人的认可。在《奥德赛》中,费埃克斯人天上的城邦便是苏格拉底所向往的正义之邦,但作者认为,这座由真正的哲学家统治的城邦却并非《王制》中的美好城邦,因为《王制》中关于政治正义的讨论是不完整的,而这座理想之城应该是《法义》中的麦格尼西亚城。于是我们可以得知,《王制》中对灵魂的正义问题进行了完整的探讨,但对于城邦的正义问题的讨论,便主要都记录在《法义》中,换言之,《王制》是《法义》的准备,《王制》中探讨的是人的灵魂的治理,即立法者灵魂的教育,而《法义》则继而探讨了城邦的治理。因此,《法义》是《王制》上升的延续,就好像《奥德赛》的下半部是上半部的延续一样。

根据传统的观点,柏拉图有关宇宙论的几篇对话通常被人们分开来加以探讨。《蒂迈欧》因其神学的或科学的学说而闻名,其姊妹篇《克里提阿》却备受冷落,人们直接将它简化成了一个关于亚特兰蒂斯的故事,或由于它没有写完而始终对其感到困惑,而《斐德若》则因其宇宙论与现代的爱欲或文学理论相似而备受关注。人们通常不认为这些对话彼此之间有什么联系,然而,作者发现,《斐德若》、《蒂迈欧》和《克里提阿》中主要的文学特征均来自于《奥德赛》中的部分内容,即奥德修斯来到斯克里亚岛遇见瑙西卡娅,以及在费埃克斯人的宫殿上所发生的一系列事件,其中包括聆听德摩多科斯演唱的三首歌曲,因此,应当将这些对话视作一个具有内在连续性的统一整体。不同的是,《蒂迈欧》和《克里提阿》这两篇对话是《王制》下降的延续:蒂迈欧的毕达哥拉斯主义宇宙论以德摩多科斯的阿瑞斯与阿芙洛狄忒之歌为基础,它认为,宇宙或"整全"由灵魂和肉身通过"中心与中心"相结合而组成,由一位神圣的"工匠"利用"空间"来使它们结合,神匠不是宇宙之父,他只是在模仿宇宙之父的技艺,在这个过程中,阿芙洛狄忒和阿瑞斯就是灵魂和肉身,赫菲斯托斯就是神匠,而宙斯则是宇宙之父,赫菲斯托斯用来捆绑两个情人的网,便是神匠的"空间"。然而,这个故事没有体现象征爱欲的"床",因此,柏拉图的此番重新塑造,是对毕达哥拉斯学说的局限性所进行的批判,即它没有爱欲。于是这便将我们的目光转向了《斐德若》,《斐德若》以苏格拉底和斐德若在雅典城外的伊利苏斯河边的相遇为开始,这便直接照应了奥德修斯和瑙西卡娅在斯克里亚岛的海岸边相遇的场景,对话中最核心的部分是苏格拉底的翻案诗,即苏格拉底充满爱欲的宇宙论,这段精彩论述的创作,是柏拉图对《奥德赛》中奥德修斯和瑙西卡娅以及众女性神灵或女半神相遇的场景所进行的重新塑造。《克里提阿》是柏拉图对德摩多科斯的第三支歌曲,即特洛亚之战所进行的重新塑造,克里提阿是柏拉图的叔父,即有名的三十僭主之一,在这篇对话中,克里提阿讲述了雅典与亚特兰蒂斯之战的故事,这个故事充分暴露了克里提阿的政治野心,与《王制》中所讨论的城邦相去甚远,由哲人王统治的城邦变成了由僭主统治的城邦,因此,《克里提阿》是《王制》的下降。总而言之,《蒂迈欧》和《克里提阿》从无爱欲的宇宙生成论和战争的角度将《王制》中的讨论延续了下去,而《斐德若》则通过"爱欲的辩证法"使《王制》朝着《法义》中的政治哲学上升。

此外还有一个柏拉图对话中常见的意象,那便是树。在萨满教的仪式中,萨满僧人常常会提到树,柱子或梯子之类的东西,这一象征在《斐德若》中体现得最为典型。《斐德若》中梧桐树的意象是柏拉图对荷马源文本中所有关于宇宙中心的意象的一个合并:提洛岛的棕榈树,活像这棵棕榈树的瑙西卡娅,白杨树圣林,卡吕普索的赤杨树、白杨树和"高至天宇"的松树,帮助奥德修斯躲过塞壬女妖的松木桅杆,德摩多科斯倚靠的柱子,伊塔卡海岸附近的橄榄树。在《斐德若》中,这棵梧桐树自始至终都伫立在苏格拉底的身旁,指引着他上升和回归。

　　翻译并非易事,看似平常的词语或可能有特定含义,还有大量术语难以处理,有些已有固定译法,而某些词语,在查阅了相关工具书和资料文献后,仍不能确保其意义,唯有给出英文原文,供读者参考。虽然经过了反复的修改与校正,谬误之处仍恐难免,还请读者不吝指正。

易　帅

2015 年 9 月 21 日

图书在版编目(CIP)数据

柏拉图与荷马/（加）普拉宁克著；易帅译.
--上海：华东师范大学出版社，2017
（经典与解释·荷马注疏集）
ISBN 978-7-5675-6083-3

Ⅰ.①柏… Ⅱ.①普… ②易… Ⅲ.①柏拉图（Platon 前 427 -前 347）-
哲学思想-研究 Ⅳ.①B502.232

中国版本图书馆 CIP 数据核字(2017)第 026709 号

华东师范大学出版社六点分社
企划人 倪为国

Plato Through Homer：*Poetry and Philosophy in the Cosmological Dialogues*
by Zdravko Planinc
Copyright © 2003 by The Curators of the University of Missouri,
University of Missouri Press，Columbia，MO 65201
Simplified Chinese Translation Copyright © 2017 by East China Normal University Press Ltd
All rights reserved
上海市版权局著作权合同登记 图字：09 - 2016 - 712 号

荷马注疏集
柏拉图与荷马

著　　者　（加）普拉宁克
译　　者　易　帅
审读编辑　纪　盛
责任编辑　彭文曼
封面设计　吴元瑛

出版发行　华东师范大学出版社
社　　址　上海市中山北路 3663 号　邮编　200062
网　　址　www. ecnupress. com. cn
电　　话　021 - 60821666　行政传真　021 - 62572105
客服电话　021 - 62865537　门市（邮购）电话　021 - 62869887
地　　址　上海市中山北路 3663 号华东师范大学校内先锋路口
网　　店　http://hdsdcbs. tmall. com

印　刷　者　上海景条印刷有限公司
开　　本　890×1240　1/32
插　　页　2
印　　张　5. 25
字　　数　110 千字
版　　次　2017 年 5 月第 1 版
印　　次　2017 年 5 月第 1 次
书　　号　ISBN 978-7-5675-6083-3/B·1063
定　　价　38. 00 元

出 版 人　王　焰

（如发现本版图书有印订质量问题，请寄回本社客服中心调换或电话 021 - 62865537 联系）